事例で学ぶ
倒産法

小原将照・工藤敏隆・濱田芳貴 著

法律文化社

はしがき

　近年の長引く景気の低迷や経済の低成長などに影響されてか，倒産法の学習に対する学生諸氏の注目度は，むしろ高まっているように思えます。また，司法試験科目における選択者の比率も高い水準で推移しているようです。それゆえか，倒産法の分野に関する基本書や演習書も数多く見られるようになりました。しかしながら，倒産法は民事訴訟法その他の民事手続法との関係でも，民法その他の実体法との関係でも，特別法として位置付けられる存在ゆえに，たとえ法学部の学生であっても，講義や演習（ゼミ）で学習する機会は稀なようであり，実際，これまでに公刊されてきた数々の好著も，法科大学院（ロースクール）での利用が念頭におかれているようです。

　本書は，こうした現状認識のもと，学部生諸氏をはじめとする倒産法の初学者に対して，入門的なサポートができるように全体を構想しています。執筆にあたっては，入門的な演習書としての役割を果たすため，なるべく基本的な論点を中心に取り上げることで，各講ごとに学問的な側面から倒産法の理解を深められるように心掛けつつ，いくらか事案のリアリティに腐心したり，いくつかのコラムを取り入れることで，実務面への興味も高められるように工夫しています。また，法科大学院への進学を意識した独習を可能とするため，所定の小問（BASIC：ベーシック）に加えて各講のタイトルとは内容が異なる設問（ADVANCE：アドバンス）も用意してあります。これは出題意図や論点を見抜く力を養成する意味で，各講のタイトルの範囲を超えた課題となっています。

　さて，これだけの内容を盛り込もうとすれば，演習書としては大部となる

のが通例ですが，入門的というコンセプトから，手に取る読者の方の心理的負担（圧迫）を軽減することも大事と考え，できる限り軽便にまとめることにしました。そのため，目次に挙げた各講のタイトルは，必ずしも倒産法の全領域をカバーするものではなく，設問に対する解説は，もれなく論点を語り尽くそうとはしておらず，参考文献についても網羅的ではありません。

　読者各位におかれては，この入門的で軽便な演習書という特異なコンセプトを理解した上で本書を活用いただきたい，というのが執筆陣一同の祈念するところであります。もとより，こうした試みがどのような評価を受けるのかについては，期待と不安，強い関心を抱くところでもあり，本書の構成や内容などに関するご意見やご批評など，ぜひお寄せいただき，今後の糧にしたいと考えております。なお，本書が成り立つ過程では，執筆者それぞれ担当箇所を分担しておりましたが，雁首を寄せて意見を交わした結果，各担当者の分担箇所を明示する意味を失うに至り，執筆者一同として上程することといたしました。

　末筆となりますが，本書の執筆にあたっては，企画段階から法律文化社の畑光さんに多くのアドバイスを頂戴いたしました。また，われわれの遅筆にも辛抱強く対応してくださいました。この場をお借りして，あらためて御礼を申し上げる次第です。

　　　平成24年11月

執筆者一同

目　次

はしがき
凡　例

第1講　破産手続の開始 ……………………………………… 3

第2講　破産手続開始決定の効果 …………………………… 10
　【コラム1】　法的整理と私的整理

第3講　破産債権 ……………………………………………… 18

第4講　双務契約の取扱いⅠ ………………………………… 25
　【コラム2】　法的整理における倒産債権者の処遇

第5講　双務契約の取扱いⅡ ………………………………… 33

第6講　多数債務者関係 ……………………………………… 39
　【コラム3】　破産における労働債権・相税債権の順位

第7講　相殺権 ………………………………………………… 46

第8講　詐害行為否認 ………………………………………… 55
　【コラム4】　債権の保全回収と否認の可能性

第9講　偏頗行為否認 ………………………………………… 63

第10講　破産財団の管理・換価 …………… 70
　【コラム5】　清算型と再生（再建）型の各手続の異同

第11講　再生手続開始前の保全処分 …………… 78

第12講　担保権消滅許可制度 …………… 85
　【コラム6】　法的整理における担保権者の権利行使

第13講　再生手続における継続的供給契約の取扱い
　………………………………………………………… 93

第14講　再生計画の認可・確定 …………… 100
　【コラム7】　民事再生と清算価値保障原則

第15講　再生手続から破産手続への移行 ………… 108

凡　例

1　主要参考文献略語

大コンメ	竹下守夫（編）『大コンメンタール破産法』（青林書院, 2007年）
条解破産	伊藤眞ほか『条解破産法』（弘文堂, 2010年）
一問一答破産	小川秀樹（編）『一問一答新しい破産法』（商事法務, 2004年）
基本構造と実務	伊藤眞ほか（編）『〔ジュリスト増刊〕新破産法の基本構造と実務』（有斐閣, 2007年）
理論と実務	山本克己ほか（編）『新破産法の理論と実務』（判例タイムズ社, 2008年）
管財手引	東京地裁破産実務研究会『破産管財の手引〔増補版〕』（金融財政事情研究会, 2012年）
伊藤	伊藤眞『破産法・民事再生法〔第2版〕』（有斐閣, 2009年）
概説	山本和彦ほか『倒産法概説〔第2版〕』（弘文堂, 2010年）
概論	山本克己（編）『破産法・民事再生法概論』（商事法務, 2012年）
松下	松下淳一『民事再生法入門』（有斐閣, 2009年）
条解民再	園尾隆司＝小林秀之『条解民事再生法〔第2版〕』（弘文堂, 2007年）
一問一答民再	深山卓也ほか『一問一答民事再生法』（商事法務研究会, 2000年）
新注釈民再	才口千晴＝伊藤眞（監修）『新注釈民事再生法〔第2版〕（上・下）』（金融財政事情研究会, 2006年）
解釈と運用	伊藤眞（編）『〔ジュリスト増刊〕民事再生法逐条研究——解釈と運用』（有斐閣, 2002年）

2　法　令

破	破産法	会更	会社更生法
破規	破産規則	商	商法

民	民法	会社	会社法
民再	民事再生法	民執	民事執行法
民再規	民事再生規則	動産債権譲渡特	動産及び債権の譲渡の対抗要件に関する民法の特例等に関する法律

3 裁　判

最判（決）	最高裁判所判決(決定)	地判（決）	地方裁判所判決（決定）
高判（決）	高等裁判所判決(決定)		

4 判例集

民集	最高裁判所民事判例集	金判	金融・商事判例
判時	判例時報	金法	金融法務事情
判タ	判例タイムズ		

事例で学ぶ倒産法

第1講
破産手続の開始

【事案の概要】

　Yは，金融業者X（以下，「X社」という）との間で，平成16年頃より間断なく借入と返済を繰り返していたが，平成19年夏頃，勤務先からリストラされたことをきっかけに，借入のペースは変わらないまま，毎月の返済については一部遅延を繰り返すようになった。X社は，Yの信用に不安が生じたことから，Yに対する督促を強化するようになったが，平成20年2月初旬には，Yからの返済が完全に滞る状態となり，同月18日，Yの住所地を管轄する裁判所に対し，Yについての破産手続開始の申立てを行った。

　なお，利息・損害金の約定や債権回収の活動については，法令への抵触はなかったものとする。

設問：BASIC

▶【第1問】

　平成20年2月20日，YはX社に対し，すでに返済期限が経過した債務の一部について，弁済を実施した。そこで，X社は，Yについて破産手続開始決定がされる前に，その申立ての取下げを行おうと考えた。このような任意の取下げは認められるのか検討しなさい。

▶▶【第2問】

（【第1問】の状況を前提に）Yについての破産手続開始の申立てが取り下げられた後，平成20年3月初旬，Yの返済が再び滞ったことから，X社は，あらためて破産手続開始の申立てを行った。その審尋の期日において，Yは，X社による破産手続開始の申立ては，単に自分の債権を取り立てるための手段として濫用されている旨の主張を行った。これに対して，X社は，Yはすでに支払不能の状態にある旨を主張した。そこで，裁判所が調査をしたところ，少なくともYが支払不能の状態にあることは明らかであった。この場合，裁判所は，Yの主張にかかわらず，破産手続開始決定をしなければならないのか検討しなさい。

設問：ADVANCE

▶▶▶【第3問】

X社は，Yの破綻に備えて，平成19年の夏頃，Yの両親の所有する不動産に200万円を極度額とする根抵当権を取得した。しかし，平成20年3月初旬の時点で，X社のYに対する貸付け残高は300万円ほどに達していた。X社は，Yについて開始された破産手続において，どのような権利行使ができるかを検討しなさい。

BASIC問題の解説

▶【第1問】

1　出題の趣旨

この設問は，適法にされた破産手続開始申立ての取下げに対する法的な制約について問うものである。

2 基本事項の確認

　破産手続開始の申立ての取下げについては，形式的に，時期的な制約があり（破29条前段），さらに実質的に，手続が一定の準備段階まで進んでいる場合における制約（同条後段）があることを，まず押さえておく必要がある。

3 検討のポイント

　債務者について破産手続開始決定がされると，総債権者のために，法律上の強制力をもって集団的な債権債務関係の処理が始動することになる。それゆえ，手続開始後に申立人の都合による取下げを認めては，総債権者にとって不都合であり，現に破産原因（支払不能など）が認定されている状況下，平時の経済社会に債務者を戻すのは不合理である。そこで，破産手続開始申立ての取下げが認められるのは，その手続開始決定前に限られている（破29条前段）。また，手続開始前の債務者について財産処分や弁済の禁止などの保全処分がされた場合には，実質的に手続開始が仮に前倒しで実現されたかのような状況にあり，このような場合に，無制限に取下げが認められては，先に述べた趣旨が没却されてしまう。それゆえ，手続が一定の準備段階まで進んだ後は，たとえ破産手続開始決定前であっても，裁判所の許可を得なければ申立ての取下げができないものとされている（同条後段）。

　本問においては，Yについての破産手続開始申立ては，いまだその開始決定前であり，かつ，何らかの保全処分がされた事情も窺われないことから，X社は，理由に関係なく，その申立ての取下げができるものと考えられる。

　［参考文献］　条解破産207～212頁，伊藤99～100頁．

▶▶【第2問】

1 出題の趣旨

　この設問は，破産手続開始申立ての審理と濫用的申立てに対する対処について問うものである。

2 基本事項の確認

破産手続開始申立ての審理において，破産手続開始原因が認められる場合には，原則として手続開始決定をする（破30条1項柱書）が，例外的に，その申立てを却下することもありえる（同項1号，2号参照）。なお，手続開始原因が認められなければ，申立ては棄却される。

3 検討のポイント

債権者による破産手続開始申立ての審理においては，申立人である債権者は，自己の債権の存在と破産手続開始原因の存在を証明しなければならない。そして，破産手続開始原因が認められれば，裁判所は開始決定をすべきことになるが，例外的に申立てを却下すべき場合についても規定されている（破30条1項1号，2号）。この設問で考えなければならないのは，「申立てが誠実にされたものでないとき」の意味についてである。この点，立法段階の中間試案では，「真に破産手続の開始を求める意思や，真に破産手続を進める意思がないのに，一時的に債権者からの取立てを回避し，時間稼ぎを図ること等，専ら他の目的をもって破産の申立てをする場合など」と述べられている。旧法下では，もっぱら債務者に対する威嚇などを目的として申し立てられた場合，申立人が裁判所の指定した数回の期日に連絡なく出頭しなかった場合，親族間の遺産をめぐる紛争で優位に立つことを目的として申し立てられた場合などが，いわゆる濫用的申立ての例として挙げられていた。

では，X社による再度の破産手続開始の申立ては，どのように評価されるのか。【第1問】に述べられた事実関係の延長線上において，X社がYからの（断続的）返済を期待して破産手続開始申立てという手段を利用したものと評価されれば，その再度の申立ては濫用的なものとして，例外的に却下すべきことになる。他方，当初の申立てにつきYの虚言などにより取下げがされた場合とか，逆に，当初の取下げの後にYが支払不能を一度は脱したなどの事情があり，再度の申立てについて，「今後も継続的に債務者に弁済を迫

る手段として破産手続開始申立てを利用する意思の表れである」とまでは評価できない場合ならば，濫用的申立てには該当しないものとして，原則どおり破産手続開始決定をすべきことになる。

　［参考文献］　大コンメ111～112頁，条解破産226～230頁．

ADVANCE問題の解説

▶▶▶【第3問】
1　出題の趣旨
　この設問は，債権者が，破産者に対する債権の担保として破産者以外の第三者から物上保証を得ていた場合に，その破産手続との関係でどのような権利を行使することができるのかについて問うものである。
2　基本事項の確認
　破産手続開始決定により，破産者と債権者の間の権利関係は大きく影響を受けるが，手続外の第三者と債権者との間の法律関係には影響を及ぼさない。手続外の第三者から物上保証を得ている債権者は，被担保債権にかかる期限の利益の喪失により，いつでも抵当権などの担保権を実行できる。ただし，破産手続において行使できる破産債権の額については，開始時現存額主義が適用される（破104条5項）点に留意しておく必要がある。
3　検討のポイント
　最初に，手続開始時の状況を整理しておく必要がある。X社がYに対する債権を担保するために，Yの両親が所有する不動産について設定を受けている根抵当権は，極度額が200万円である。X社がYに対して有する債権は，残高が300万円である。そして，まだ担保からの回収はない。

　破産は，破産者と総債権者の間における権利関係を適切に調整するための手続である（破1条参照）。その目的にしたがって，破産者をめぐる権利・法

律関係にも一定の変容が迫られる（債権者との関係でもっとも端的なのは，個別的権利行使の禁止と倒産手続参加の要請であり，その他にも偏頗行為否認，相殺禁止，担保権消滅許可など，諸々が考えられる）が，手続外の第三者に直ちに法的な影響が及ぶものではない。

そもそも，Yの破産がX社とYの両親の間の法律関係に変容を迫る理由はない（もちろん，Yの両親がYの破産手続との関係で求償権をどのように行使できるか，といった問題は別である）。そうすると，X社はYの両親との関係では，その所有不動産につき根抵当権を実行し，かつ，Yの破産手続との関係では，その被担保債権を破産債権として行使することが可能となる。ただ，その破産債権としての行使の仕方には，物上保証の存在が反射的に影響してくることになる。

すなわち，現行法は，人的担保を受ける債権者が破産手続に参加する際の権利行使額を定めた開始時現存額主義（破104条参照）について，物上保証を受ける債権者にも同様に適用することを定めており，この開始時現存額主義のもとでは，①手続開始前に受けた弁済（保証の履行や担保による充当）については当初の債権額から控除して，その現存額の限りで債権届出を認める一方で（同条1項），②手続開始後の弁済などについては，その届出債権の全額について満足を受けない限り，当初の届出債権額からの控除（つまり債権届出の一部取下げや届出債権の一部移転）をしない（同条2項），というルールが適用されることになる。

それゆえ，Yについての破産手続開始前に，X社がYの両親の不動産にかかる根抵当権について，担保権実行を経て被担保債権への充当が済んでいれば，それに相当する額は，当初の債権額から控除された上で債権届出がされるべきである。反対に，破産手続開始後に担保権実行がされた場合には，たとえその換価金が根抵当権の極度額を上回る場合であっても，被担保債権の全額について満足を得られはしないので，X社は，届出破産債権額を変更す

ることなく，破産債権を行使することが認められることになる（なお，Yの両親は，Xが被担保債権の残額について別途満足を受けない限り，200万円の求償権をもってYの破産手続に参加することができない）。

　［参考文献］　一問一答破産153頁，基本構造と実務370～373頁，伊藤218頁．

第2講
破産手続開始決定の効果

【事案の概要】

　Aは，大学卒業後，大手のスーパーマーケット・チェーンを営むB社に就職したが，いわゆるバブル経済の崩壊後，B社グループでは大幅な人員リストラが断行された。その際，Aは，退職勧奨の対象とはされなかったが，このまま勤めていても先はないと考え，早期退職制度を利用して転職することにした。当時，Aの同居家族は，Aの両親，妻，子ども2人の計5名であった。Aは，平成6年8月，B社を退職し，大手居酒屋チェーン店などを手がけるC社に再就職した。C社では即戦力を期待され，店長候補社員として採用され，早速，小さいながらも「自分の店」を任されることになったが，その俸給は担当店舗の利益に連動した年俸制であったため，初年度の所得は，B社に勤務していた頃よりも，3割ほど減少することになった（当時の年収は350万円程度）。

　Aは，「自分の店」の業績を向上させるよう日々努力し，平成10年頃まで，その売上げ自体は順調に推移してきたが，薄利多売では利益が伸びにくく，自分の年俸が大幅に増加していくことにはならなかった（当時の年収は460万円程度）。この頃から，Aは休業日には息抜きと称して競艇場に通うようになった。当初は，賭ける金額も少額であったが，予想が的中したときの払戻額の大きさに惑わされ，次第に賭金を増すようになり，平成12年頃には，年間に100万円ほどの資金をギャンブルに投下している状況となった。子どもたちの進学のために蓄えた貯金にまで手を出すようになったAの姿に，Aの妻も再三の忠告を重ねてきたが，Aは，「自分の店」の売上げは順調であるし，そのうち大穴の予想が的中すれば

これまでの負け分も取り戻せると考え，家の貯金に手を付ける替わりに，消費者金融業者から借金をして競艇場に足を運ぶようになった。Ａの妻は，自分の忠告によりＡがギャンブルを控えるようになったものと思い込んでいた。

　Ａは，そうした借金とギャンブル，さらには返済のための借金を繰り返し，平成17年3月頃には，消費者金融5社から合計360万円あまりの借金を抱える状態となってしまった。徐々に返済も滞り，督促も厳しくなったことから，さすがにこのままではまずいと考え，新たな借入れを控えようとはしたが，ギャンブル自体を止めることはできなかった。そして，貯金80万円を内緒で引き出し，ギャンブルに使ったことが妻に発覚するに及び，みずからの借金の状態をすべて妻に話すに至った。Ａの妻は，仕方なく，子どもたちの学資や自分たちの老後のための蓄えの中から100万円を工面し，当面の返済資金としてＡの借金に充当した。Ａ自身もギャンブルを止めることとしたが，それより前にギャンブルを通じて知り合いになったＤのために，その借入金200万円について連帯保証人になっており，平成17年12月にＤが破産（同時廃止）したことから，この保証債務履行の請求も寄せられた。また，この頃より，Ａの母親が重病で入院したことから，多額の医療費が必要となり，年収は横ばいのまま，Ａの借金はさらに増加することとなった。

　このような状況を打開すべく，Ａは，平成19年10月，弁護士Ｘのところへ債務整理のために相談に訪れた。Ｘによる財産調査によれば，同年8月末時点において，Ａの負債は，消費者金融7社から約460万円（利息制限法の制限を超える過払金について引直し計算を済ませた後の残額），信用金庫から約320万円の各借入金に加え，約200万円の保証債務が存するような状況であったのに対し，Ａ名義の資産は，預貯金40万円，自家用車（評価額30万円）があるにすぎなかった。なお，Ａの家族の家計には妻名義の預貯金120万円があり，家族が同居する自宅は父親名義での賃借物件である。

設問：BASIC

▶【第1問】

　AはXとの面談の中で，「破産すると，戸籍に記載されたり，選挙権がなくなったりすると聞いたことがあるが，本当か？」という質問をした。Xはどのように答えるべきか，破産手続開始決定による破産法上の効果を中心に検討しなさい。

設問：ADVANCE

▶▶【第2問】

　AはXとの面談の中で，「自家用車については，妻が結婚前からの貯蓄を頭金にして購入したもので，家族の生活の関係から手放すことは避けたい。自分が破産した場合に，没収されたりしないだろうか？」という質問をした。資料を確認したところ，そのカー・ローンについては，Aの妻が，自分の預金とパート収入から7割ほど，残り3割ほどは家計をやり繰りして，すでに支払いを済ませているようである。Xはどのように答えるべきか検討しなさい。

▶▶▶【第3問】

　Xは，Aからの依頼を受け，Aについて破産手続開始の申立てを準備することになり，平成19年10月18日，各債権者に向けて受任通知（破産手続の準備中である旨などを知らせる通知）を行った。そして，同年11月12日，破産手続開始の申立てを行い，同月22日，Aにかかる破産手続開始決定がされると同時に，同手続は破産財団不足により廃止された。他方，Aは，同年10月20日，Xにも説明していなかった別の自動車（評価額40万円）をEに対し

て5万円で売却していた（その全額が破産申立の費用の一部に充てられた）。この売却の事実を知ったAの債権者であるF社は，同年11月10日，Eに対して詐害行為取消訴訟（以下,「本件訴訟」という）を提起した。

本件訴訟の係属中である平成20年2月20日，Aに対する免責許可決定がされ，これが確定した。Eは，係属中の訴訟において，Aに対する免責許可決定が確定した事実を抗弁として提出した。本件訴訟を審理する裁判所は，どのような判断をすべきかを検討しなさい。

BASIC問題の解説

▶【第1問】
1 出題の趣旨
この設問は，破産手続開始決定により債務者に対して破産法上どのような身分上の効果が生じるのかについて問うものである。
2 基本事項の確認
債務者ないし破産者に対する破産手続開始決定の効力または効果は，財産上のものと身分上のものとに大別される。後者はさらに，破産法上の規定によるものと他の法令によるものが考えられる。ただ,現行破産法のもとでは，いくつかの義務や行為制限の規定は存在するものの，直接に身分上の効果を生じさせる規定は存しない。
3 検討のポイント
破産制度の目的が債務の履行を怠る者に対する制裁であるとすれば，相談者Aの心配事にも一理ありそうだが，現行法は「債務者について経済生活の再生の機会の確保を図ること」を目的の一つとして明記している（破1条参照）。それゆえ，実際，破産手続開始決定により，破産法以外の特別法により，その各別の制度目的（他人の財産の適正な管理など）との関係で，一定

の身分上の効果（財産管理の職務に関する資格制限）を生じる場合はあるが，破産法との関係では，居住制限や通信の秘密の例外など最小限の制約（破37条1項，82条1項など）を除き，特殊な制限を受けることはない。これらの制限は，会社員であるAには無関係のものばかりといってよい。Xとしては，Aの不安に対し，破産手続の遂行に協力するという意味での義務や制約を課されることはあっても，戸籍に記載されたり，選挙権がなくなったりすることはない，と回答すべきことになろう。

［参考文献］　伊藤123～128頁，概論83～85頁．

ADVANCE問題の解説

▶▶【第2問】

1　出題の趣旨

この設問は，破産者名義の財産が破産財団を構成しないとされる場合，あるいは，他人名義の財産が破産財団を構成するとされる場合，つまり破産財団の範囲（その形式的な基準と実質的な評価）について問うものである。

2　基本事項の確認

破産財団の範囲は，国内外を問わず，破産手続開始時に破産者が有する一切の財産である（破34条）。登記・登録のある財産の帰属については，一義的には，その名義を基準に考えるが，財産隠匿の可能性についても考慮する必要がある。

3　検討ポイント

自動車については登録制度が存在し，基本的には登録名義人が所有者ということになるが，所有権を取得する際の経済的な背景について総合的に検討しなければならない場合もある。

かりに，自家用車の名義人がAの妻の名義であるとすれば，対価の一部

はAの収入によるものの、それは家計からの支出であるし、その余の対価が妻の負担であったことに照らせば、Aの破産財団を構成しないと考えることに大きな問題はない。しかしながら、この設問においては、破産手続開始時における自家用車の登録名義人がAである。それゆえ、その経済的な背景と法律上の外形に不一致を生じており、それが虚偽表示であるか登録名義の移転の懈怠であるかという問題はあるが、いずれにせよ、Aの破産財団を構成することが基本になるであろう（Aの妻から破産財団に対し、別途、破産債権として不当利得返還請求権などを行使する余地はあろう）。

　［参考文献］　大コンメ134～139頁、伊藤176～177頁.

▶▶▶【第3問】

1　出題の趣旨

　この設問は、詐害行為取消訴訟の係属中に、債務者について破産手続開始決定がされると同時に開始された手続が廃止され、さらに免責許可決定がされ、それが確定した場合に、その訴訟は、どのように取り扱われることになるのか、という点について問うものである。

2　基本事項の確認

　破産手続開始決定により係属中の詐害行為取消訴訟は中断し、破産管財人は否認訴訟として受継することができる（破45条1項・2項）。しかし、同時破産手続廃止の場合、その訴訟を破産管財業務のために止めるべき理由はなく、また、強制執行等の禁止の射程外にもなる（破249条参照）。ただし、免責許可決定が確定した場合には、原告としての適格を基礎づける債権の免責により（破235条1項）、原告は当事者として訴訟追行するための基礎を失うことになる。

3　検討のポイント

　債務者に対する破産手続開始決定により、当該債務者が当事者でないにも

かかわらず係属中の詐害行為取消訴訟は中断する（破45条）。その趣旨は，責任財産の回復は破産手続における否認権の行使によるべきとする考えに基づくものであり，本来，破産管財人による受継が想定されている。しかし，開始決定と同時に破産手続が廃止された場合には，否認権を行使する破産管財人が選任されず，このルールが働かない。免責手続が並行している場合には，同時廃止後も債権者は個別的権利行使を禁止されたままとなるが（破249条），その禁止の対象に詐害行為取消訴訟は含まれないと解される。実際，詐害行為により責任財産から逸失した財産がそのまま放置されるのは望ましくないであろう（もちろん，そうした状況が事前に明らかで，かつ，破産手続費用を賄える見通しがあれば，同時廃止ではなく破産管財人が選任されるべきではあるが，本設問の財産評価額などに勘案すると，破産手続費用の捻出は難しいであろう）。

　では，手続がさらに進行し，免責許可決定が確定した場合もなお，何らの影響のないものであろうか。この点，免責の効果（破253条1項）について学説の見解は分かれているものの，破産者が債権者に対して免責された債権の弁済義務を免れる点では一致している。そうすると，詐害行為取消訴訟の基礎となる債権が免責許可決定確定の効果を受けるに至れば，その訴訟の基礎もまた失われることになる。したがって，裁判所としては，請求を棄却すべきことになる（判例同旨）。

　　［参考文献・参考判例］　条解破産352～353，1558～1566頁，管財手引223～226頁，伊藤312～314頁，最判平成9年2月25日判時1607号51頁。

【コラム1】 法的整理と私的整理

　法的整理という言葉は，法律上の倒産処理制度（破産・民事再生・会社更生・特別清算）の総称として，さほどの疑義もなく用いられているが，私的整理という言葉の意義は，必ずしも明確ではない。「経済的な危機に瀕した債務者が，事業の清算や再生，あるいは生活の再建を目指し，債権者その他の利害関係人との間で，過去の経緯や現在の状況を踏まえつつ，将来に向けての関係性を整理しなおすため，保有する財産の把握，その処分や活用の可能性，負担する債務の減免や期限の猶予，責任の取り方，第三者からの支援の措置などについて，必要な協議を重ねて合意に達しようとする一連の取組み」とはいえるが，それは法的整理にもいえそうなことである。

　法的整理の特性は，(1)法定の手続開始の原因（支払不能や債務超過など）を前提に，裁判所が手続開始の裁判をすると，破産債権や再生債権などの倒産債権を有する者は，一律に個別的権利行使（提訴や執行など）を禁止される点，そして，(2)財産の換価金や将来の収益力を原資とし，平等原則を旨とする弁済（計画）案について，倒産債権者の一部が反対しても，権利内容の変更（減免や猶予など）を一方的に実現できる点にある。

　他方，(1')権利関係の調整について協議を求める債権者の範囲は任意に設定できるが，その協議中における個別的権利行使の棚上げは債権者による自制に委ねられる点，そして，(2')そのようにして範囲を限られた協議者間で調整される権利関係の内容（債務の減免や猶予，株式化など）は，皆が納得する限り相互に優遇（冷遇）しても基本的には問題ないが，皆が揃って同意しない限り反対者に結論を強制する術がない点は，私的整理の特性である。

　私的整理について特にルールもなかった頃には，不透明・不公正・不平等などと揶揄されてもきた。しかし，社会経済的な観点からすると，商取引先を協議の渦に巻き込むことなく，金融機関だけで再生支援の話をまとめることで，債務者企業の有する事業価値（つまり責任財産の価値）が温存されるとするならば，その意義は大きい。

　近時，金融債務の整理を旨とする私的整理について，旧来からの弱点を補いつつ利点を活かしていくため，事業再生計画の満たすべき基準（向こう3年を目途とした債務超過の解消や経常損益の黒字化など）や，金融機関との協議の手順（債権者会議の開催や中立の専門家による検証など）について，規律や運用の準則化や標準化が図られてきた。「私的整理に関するガイドライン」に先導され，今日では，「事業再生ADR（事業再生実務家協会）」や「中小企業再生支援協議会スキーム」などが多く用いられているところである。

第3講
破産債権

【事案の概要】

　Aは，昭和42年に設立された水産加工品の製造卸売を主な業務とする株式会社である（以下，「A社」という）。設立当初から順調に業績を伸ばし，平成3年春頃には，本社として使用中の敷地建物に加え，漁船4隻，加工工場2カ所，製品直売所1カ所を所有していた。しかし，その後の長期的な不況により売上げは減少し，原材料費の高騰や格安輸入品との競争など，厳しい経営環境が続き，平成16年頃には，多数の従業員のリストラを断行せざるを得ない状況であった。

　その後も赤字体質からの脱却がままならず，累積損失も徐々に膨らみ，平成20年2月頃，世界的な原油高が決定的ダメージとなり，ついに支払不能の状態に陥った。A社の経営陣は事業再生の可能性について検討したが，同年5月初旬には会社の存続を諦めざるを得なかった。A社は，同月10日，支払いを停止し，同月20日，自己破産の申立てを行い，同月25日，裁判所において，A社につき破産手続を開始する旨の決定がされ，Xが破産管財人に選任された。

　裁判所は，破産手続開始決定と同時に，平成20年7月25日14時を債権者集会の期日として指定（なお，債権届出期間は同年6月25日まで）し，債権者に対する通知などを経た。Xは，指定された期日に財産状況の報告を実施し，かつ，破産債権の一般調査を終了した。

設問：BASIC

▶【第1問】

次の各債権届出について，設問に答えなさい。

(1) Bは，A社に原材料となる水産物を納めている漁業従事者（個人事業主）である。平成20年4月28日に水揚げした漁獲物のすべてをA社に売却し，その代金は同年7月20日に現金で支払を受け取る予定であった。この代金債権について，同年6月15日，所定の手続に従いBから債権届出を受けたXは，これを破産債権として認めてよいか。

(2) Cは，A社に原材料となる水産物を納めている漁業従事者（個人事業主）である。Cは，平成20年5月10日に出漁し（遠洋航海），その途上である同月28日，無線によりA社の破産手続開始決定の連絡を受けた。ただし，そのまま操業を続け，同年7月15日に母港へ寄港した。寄港後の同月18日，Cは，A社に対する売掛金債権について（弁済期は同年5月20日），破産債権としての届出をした。Xは，Cの債権届出をどのように取り扱うべきか。Cの寄港と債権届出が同月28日であった場合はどうか。

設問：ADVANCE

▶▶【第2問】

小売業を営むD社は，A社の製品を取り扱っている。その取引条件は，平成17年9月10日から平成21年9月20日までの間，数種類の海産物加工品（製品）につき，A社がD社に対して供給責任を果たすものとし（その平均取引額は月額100万円程度で安定している），毎月10日までに決定する取引数量につき，同月末日までにD社の指定場所に納入し，その代金の支払いは，毎月末締め翌月20日限り，E銀行に開設されたA社名義の口座に振込み送金して支払

う，などとされていた。加えて，平成19年1月20日，D社は，A社の懇請を受け，同社に対し，1年後の満期一括返済，年利3％（毎月末に当月分を支払う）などと定めて，200万円の資金を貸し付けた。もっとも，その期限が経過しても元金が返済されず，その後，D社はA社が任意に支払う利息相当額のみを収受してきた。

　他方，A社は，平成18年秋頃，E銀行に融資を依頼した。E銀行は，A社の主な資産についてすでに担保権が設定されていたことから，A社がD社に対して取得する将来の債権を対象とした譲渡担保の設定を提案した。A社は，この提案を受け入れ，毎月25日に均等額の分割金を支払い3年間で元本および利息（変動金利）の全額を償還するなどの約定のもと，平成18年10月25日，E銀行から1,000万円の融資を受けた。そして，その担保として，平成18年11月から平成21年8月の間にA社からD社に納入される製品にかかる代金債権について，E銀行との間で集合債権譲渡担保設定契約を締結し，同日付，債権譲渡登記を経由した（動産債権譲渡特4条）。

　E銀行は，A社の破産申請の一報に接し，あらかじめ与えられていた権限に基づき，A社に代行して，D社に対し，平成20年6月20日付内容証明郵便を発送し（同月23日到達），その際，A社のD社に対する債権はE銀行に譲渡されており，今後の支払いはE銀行に対して行われるべき旨を通知し，さらに，同月25日，Xに対し，D社に対する先の通知により譲渡担保を実行した旨を伝えた。

　これに対し，D社は，A社との間においては，平成20年3月分からは取引を行わない旨を合意しており，実際にA社から納入を受けておらず，加えて，事実上未払としていた同年1月分と2月分の代金債権については，A社に対する200万円の貸付債権と相殺する旨を主張した。E銀行およびXとの関係において，このD社の主張は貫徹され得るものかどうかについて検討しなさい。

BASIC問題の解説

▶【第1問(1)】
1 出題の趣旨
 この設問は，破産債権の要件とその該当性などについて問うものである。
2 基本事項の確認
 破産債権の要件は，財産上の請求権・人的請求権・執行可能性・破産手続開始前の原因の4つである（破2条5項）。破産手続開始時に期限未到来であってもよく，その場合，いわゆる現在化により弁済期が到来したものとみなされる（破103条3項）。
3 検討のポイント
 この設問では，所定の期間内にされた届出にかかる債権について，破産債権の成立要件を満たしているかが問題となる。Bが届出た代金債権が破産手続との関係で破産債権として処遇されるための要件については（破2条5項），一応，すべて満たされていると考えられるが，期限は未到来である。この点，破産手続との関係では弁済期が到来したものとみなされるため（〔現在化〕破103条3項。なお，民137条1号参照），Xとしては，これを破産債権として認めるべきことになる。

［参考文献］ 伊藤194〜198頁，概説55〜58頁，概論116〜119頁．

▶【第1問(2)】
1 出題の趣旨
 この設問は，債権届出期間の経過後にされた債権届出の取扱いについて問うものである。
2 基本事項の確認
 破産債権の届出は，破産債権者として破産手続に参加し，手続上の権限の

行使や破産配当金の受領をするために不可欠で不可避の手段であり，その届出の方式や期間など，破産規則にも定めが置かれている（破規1条1項，20条1項1号ほか）。債権届出期間の経過後であっても，一般調査期日の終了までにされた債権届出については，関係者の異議がなければ，同期日において調査することができる（破121条）。一般調査期日の終了後は，破産債権者がその責めに帰すことができない事由によって届出ができなかった場合に，その事由が消滅した後1月以内に限り，その届出をすることができる（破112条1項）。ここでいう「責めに帰することができない事由」とは，「破産債権の届出をするにあたって通常用いられると期待されている注意を尽くしても避けられないと認められる事由のこと」とされている。

3　検討のポイント

　前提として，破産手続における債権調査の方式については，書面による調査（いわゆる期間方式）と期日における調査（いわゆる期日方式）があり，実務的には後者による場合が多く，この設問の事案も後者による。ここでは，遠洋漁業で操業しているＣが，債権届出期間の経過後に届出をした債権について，破産手続との関係でどのように取り扱われるかが問題となる。債権届出は所定の届出期間内にされる必要があるが，手続全体への支障がない限り，なるべく権利行使の機会を認めるべきである。そこで，現行法では，一般調査期日の終了（期間方式では，同期間の満了）までに届出がされた場合には，破産管財人が認否の対象に取り込めるものとし（破117条2項，121条7項），一般調査期日の終了（期間方式では，同期間の経過）後であっても，破産債権者がその責めに帰すことができない事由によって届出ができなかった場合に，その事由が消滅した後1月以内に限り，その届出をすることができるものとしている（破112条1項）。

　これをＣの債権届出について検討してみると，まず，それが一般調査期日の終了までにされたものであれば，基本的には期日における調査の対象とさ

れる。また，それが一般調査期日の終了後にされたものであっても，その届出が遅れた理由（債権者Cの事業の性格など）に照らし，例外的に，届出の追完が許されてよい場合と考えられる。ただ，この場合の特別調査に関する費用は，Cの負担となる（破122条2項，119条3項）。

[参考文献] 条解破産761～764頁，一問一答破産155～157頁，基本構造と実務146～148頁，管財手引279～280頁．

ADVANCE問題の解説

▶▶【第2問】
1 出題の趣旨
この設問は，破産手続において別除権者と相殺権者の権利が交錯する場面において，いずれが優先することになるのかなどについて問うものである。

2 基本事項の確認
別除権者（破2条10項）と相殺権者は，それぞれ破産手続によらないで権利を行使することができると定められている（破65条1項，67条1項）。しかし，その対象（担保目的と受働債権）が重なり合い，優先劣後の調整を要する局面では，破産法には特段の規律がなく，実体法上の解釈論にしたがうべきことになる。

3 検討のポイント
まず，A社とD社，A社とE銀行それぞれの間における権利・法律関係について確認しておく。D社は，A社に対して未払の代金債務を負担する一方で，弁済期が到来した貸付債権も保有しており，相殺により決済できることに対する合理的な期待が認められる（破67条参照）。他方で，E銀行は，A社がD社に対して有する将来債権の譲渡担保の設定を受け登記を備えており，基本的には別除権者の地位にあるといえる（破65条）。Xにしてみれば，相

殺の意思表示がされようと担保権が実行されようと、破産財団の増殖に資することはないものの、この相殺権者と別除権者の利害の交錯が解消しないと、破産財団をめぐる権利・法律関係の整理がつかないという意味で、放置はできない課題となる。

　実体法の解釈として問題となるのは、D社による相殺の意思表示はE銀行への債権譲渡より後であるが、「通知を受けるまでに生じた事由」（民468条2項）ありとして相殺を貫徹できるのか、という債権譲渡と相殺に関する規律である。ここで相殺適状の成立時期について検討してみると、自働債権（貸金債権）の弁済期が到来したのは平成20年1月19日、受働債権（未払代金債権1月分および2月分）については同年2月20日および3月20日であり、遅くとも同年3月20日には双方の債務が弁済期にあったといえる（民505条1項）。他方、E銀行からD社に対する通知（民467条1項参照）の到達は同年6月23日であったというのであるから、議論は様々あるものの（例えば、債権譲渡登記がある場合には通知ではなく登記との先後を問うべきではないか、という考え方もあるし、あるいは、相殺と差押えなどの優劣や対抗について、いわゆる無制限説に対して批判的な考え方も根強い）、一応、E銀行との関係においてもD社の相殺期待が優先されるべきものと考えられる。

　　［参考文献・参考判例］　伊藤331～336頁，358～359頁，概説110～111頁，244～249頁，概論173～175頁，194～196頁，最判昭和50年12月8日民集29巻11号1864頁

第4講
双務契約の取扱いⅠ

【事案の概要】

　観光業を主たる目的として昭和39年に設立されたＡ株式会社（以下、「Ａ社」という）は、高度経済成長の波に乗り、レジャーとしてのスキーの大衆化という流れに着目し、甲県所在の山林原野を開発し、翌年、スキー場を併設した温泉リゾートホテルを開業した。その後、オイルショックなどの影響による業況の浮き沈みはあったが、いわゆるバブル経済と空前のスキーブームの到来により、事業環境が一変した。冬場を除くシーズンにおける集客の仕組みとしてゴルフ場の併設を企図したＡ社は、昭和63年春頃、所有する不動産を金融機関に担保提供して多額の資金調達を実施し、既存リゾートに隣接する山林などを大規模に買収した。その後、大手ゼネコンに発注してゴルフコース（18ホール）の造成とクラブハウスの建設を進めるとともに、個人および法人向けにゴルフ会員権を発行してゴルフ場の施設建設費の資金調達を行うと同時に、一定数の会員を確保することに努めた。その際、開業は、平成２年５月とする旨が公表されていた。

　しかし、ゴルフ場開発の認可の遅れなどから、実際にゴルフ場を開場できたのは平成４年であった。その後、景気の低迷期に入り、リゾートの利用も低調となり、Ａ社は業績を悪化させた。不動産の時価も下落し、含み損を抱えるまでになり、新規の借入はもちろんのこと、既存の借入の返済も滞るようになってきた。平成14年以降は、ゴルフ会員ら多数から償還期限の過ぎた預託金の返還請求が相次ぐようになり、その支払資金を調達する目途がなく、平成19年初には、Ａ社は大幅な債務超過であ

ると同時に，支払不能の状態にあることは明らかとなった。同年春頃，季節外れの集中豪雨により，A社のゴルフコースは土石流災害に見舞われ，その復旧には数億円規模の費用を要する見込みとなったが，A社が自力で手当てできるのは，同じく被災したホテル施設の応急修理までであった。A社の代表取締役であるBは，かろうじて営業継続中のホテル，夏期休業中のスキー場，無期休業中のゴルフ場を一体として，スポンサー候補に対して経営移管することを企図し，C社との間で協議を重ねてきたが，いよいよ資金繰りに窮し，同年9月1日，自己破産を申請し，同月7日，手続開始決定が下され，Xが破産管財人に選任された。なお，破産手続開始時点で，A社の負債総額は150億円，債権者総数600名（内約500名はゴルフ会員〔預託金債権者〕），資産総額は10億円（時価評価），従業員総数60名であった。

設問：BASIC

▶【第1問】

　Xは，A社とC社との間で行われていた経営移管の話し合いについて，A社の破産手続における配当原資を獲得するために有益であると考えていた。ただし，そのためには，A社についての破産手続が開始された時点で未だ営業を継続していたホテルの事業価値を毀損しないことが最重要事項であった。A社について破産手続開始決定がされた時点で，営業を継続していたA社のホテルでは，従業員との雇用関係，レストランでの食材仕入れ関係，ホテルリネンのレンタルやクリーニングにかかる外注委託関係，電力等供給関係などに関する契約が継続していた。Xは，A社の破産手続において，ホテルの事業価値を損なわないために，これらの契約をどのように処理すべきか検討しなさい。

設問：ADVANCE

▶▶【第2問】

　A社について破産手続開始決定がされる前に，BはA社の顧問弁護士とA社についての破産手続開始申立てを相談していた。A社の本店所在地を管轄する甲県の甲地方裁判所は，大都市の裁判所と比べると規模が小さく，また，同庁で下される民事第1審判決について控訴をする場合には，乙県の乙高等裁判所（その庁舎は乙地方裁判所と併設）まで赴く必要があった。この場合，A社について破産手続開始の申立てを行うことができる裁判所について検討しなさい。

▶▶▶【第3問】

　A社の経営中のホテル，スキー場の経営およびゴルフ場事業をC社に対して事業譲渡することが，A社の破産手続において進められていた。このような状況において，A社の従業員により組織された労働組合（組合員約50名）は，A社の破産手続において，どのような形でこの事業譲渡に関与することができるのかを検討しなさい。

BASIC問題の解説

▶【第1問】

1　出題の趣旨

　この設問は，破産手続開始時に継続している契約関係につき破産手続上どのように処理すべきかを問うものである。

2　基本事項の確認

　双務契約について，破産手続開始の時において，当事者双方の給付義務に

未履行の部分が残っている場合，破産手続開始後，破産管財人に履行か解除かの選択権が与えられる（破53条1項）。破産管財人が解除を選択した場合，相手方の損害賠償請求権は破産債権となる（破54条1項）。相手側には解除権は与えられていないが，相当の期間を定めてその契約を履行するか，解除するのかの確答をするよう破産管財人に催告することができる（同条2項）。期間内に確答がない場合には，解除が選択されたものとみなされる。また，労働契約（民631条）や継続的供給契約（破55条）など特別の規律が設けられているものもある。

なお，注意すべき点として，一方のみが未履行の場合には，この規律は働かないことが挙げられる。それが破産者の側であれば，相手方の給付請求権は破産債権となり，相手方の側であれば，破産者の給付請求権は破産財団を構成する。

3　検討のポイント

前提として，本問では，Xは，C社への事業譲渡を実行する方向で事案を処理する考えである（破78条2項3号）。そのため，ホテル事業を当面継続しておく必要があり（破36条），それゆえ，ホテル事業の継続のために必要な契約関係については存続させておかなければならない。本問で問題となった契約関係のうち破産手続開始時に双方未履行の双務契約に該当するものがある場合，履行を選択する方向性となり，食材の仕入れやホテルリネン関係の契約は，原則（破53条）に従って処理することになる。したがって，Xとしては，必要に応じて契約の履行の選択をすればよい。

従業員との間の雇用関係については，使用者の破産の場合について民法に特則がおかれている。これによれば，雇用期間の定めがある場合であっても，破産管財人と相手方の双方に民627条の規定による解約申入れ権が認められている（民631条前段）。そして，解約された場合の損害についてはいずれの当事者からも請求できない旨の定めがある（同条後段）。実務上は，雇用関係

の継続を目指す場合であっても，破産手続との関係で，いったん旧労働契約を解除し，必要な範囲でアルバイト雇用するなどの取扱いもされている。本問の場合，事業譲渡の構想という個別的事情に左右される問題を含むため，Xがホテル従業員との労働契約をどのように取り扱うのかは，一概にはいえない（事業譲渡となれば，いずれにせよ労働者における退職と再就職になる）。ただ，既存のホテル従業員の能力等が，このホテルの事業にとって重要である場合には，事業価値を毀損しないためにも，Xとしては，そのような人的資産を維持するために尽力する必要がある。

　電力供給関係については，継続的給付を目的とする双務契約に該当するため，破産手続開始決定前に生じた供給の対価と破産手続開始後の供給の継続に関して特別な規律がある（破55条）。相手方は，破産手続開始申立前の給付にかかる対価の弁済がないことを理由として手続開始後の供給を拒むことはできない（同条1項）が，破産手続申立て後，開始決定までの間の給付にかかる対価は財団債権として扱われ（同条2項），この履行がないことを理由に手続開始後の供給を拒むことはできるとされている。それゆえ，Xとしては，ホテルの営業継続のために，相手方に履行拒絶されないための措置を講じるとともに，当然のことながら当面は契約の継続を図ることになる。

　［参考文献］　一問一答破産83〜84頁，理論と実務193〜196頁，概説204〜226頁．

設問：ADVANCE

▶▶【第2問】

1　出題の趣旨

　この設問は，法人にかかる破産手続開始の申立てにおける，管轄に関する特則について問うものである。

2　基本事項の確認

　破産事件の管轄については，原則的土地管轄などが法定されている（破4条1項，5条1項）。ただし，破産者が法人であり，かつ債権者数が多い大規模事件に関しては，破産事件を専門的・集中的に処理する体制が整っている裁判所で処理するのが有効であるとの理由から，管轄について特則が置かれている（破5条8項，9項）。

3　検討のポイント

　まず，原則的土地管轄にしたがえば（破5条1項），本店所在地を管轄する甲地方裁判所が管轄裁判所であるのは間違いない。問題は，A社の債権者が600名と多人数であり，問い合わせへの対応，書類の送付や受領といった負担に対し，甲市における人的物的な司法資源（裁判所や弁護士など）が十分に対応しきれるかどうかである。この点，債権者数が500名以上1,000名未満の大規模事件については，その地方裁判所を管轄する高等裁判所の所在地を管轄する地方裁判所も管轄裁判所となる旨の特則がある（破5条8項）。そうすると，乙地方裁判所も管轄裁判所となり，むしろその方が関係者にとって適切である可能性もある（多くの関係者が甲県と乙県を行き来しなければならないという課題もあり，実際上いずれが適切かは一概にはいえない）。

　　［参考文献］　条解破産55〜56頁，一問一答破産31〜33頁，基本構造と実務49〜51頁．

▶▶▶【第3問】

1　出題の趣旨

　この設問は，破産手続において事業譲渡が企図されている場合に，譲渡される事業に関わる労働組合が，当該破産手続においてどのように関与することができるのかを問うものである。

2　基本事項の確認

現行法は，労働組合が組織されている場合，使用者の破産手続に関与する機会を広く認めている。具体的には，破産手続開始決定の労働組合への通知（破31条3項4号），債権者集会の通知（破136条3項），営業（事業）譲渡についての意見聴取（破78条4項）がある。

3　検討ポイント

　事業者である債務者が破産した場合，破産が労働者の地位に重大な影響を与えるのは疑いがない。破産による事業の解体清算という難しい局面においても，労働組合には組合員（労働者）の地位の保護という役割が求められる。

　抽象的には，破産手続開始決定や債権者集会の通知をきっかけとして，また，事業譲渡についての意見聴取といった機会において，情報の収集，意見の集約や発信といった形での関与の仕方が考えられる。

　本問においては，Xが破産手続開始前にA社とC社との間で交渉されていた事業譲渡について弁済原資確保のために有益と判断し，これを実現させようと企図しているため，破産手続において企図されている事業譲渡について意見を述べる機会（破78条4項）が労働組合に与えられることは，組合員の保護の観点から重要である。

　なお，この設問で直接的に問われているわけではないが，再建型手続である民事再生の場合，その目的や手続構造の違いから，労働組合の位置づけにも異なる点がある。具体的には，民再24条の2の手続開始の審理における意見聴取の可能性，42条3項の事業（営業）譲渡についての意見聴取，115条3項の債権者集会期日の通知，126条3項の再生計画案に関する意見聴取などである。

　[参考文献]　一問一答破産133頁，基本構造と実務168〜170頁．

【コラム２】　法的整理における倒産債権者の処遇

　法的整理（破産・民事再生）の手続開始より前に生じた原因に基づく財産上の請求権を有する倒産債権者（破産債権者・再生債権者）は，その債務者にかかる法的整理との関係で，法律上，個別的な権利行使を禁止され，以後，一定の方式にしたがって集団的な権利行使を行い，債権者平等を旨とした割合的な弁済に与ることとなる。
　平常時において，債務者が任意に義務の履行をしない場合，債権者は，その実体的請求権を訴訟物として，自ら原告となって債務者を提訴することになる。これを倒産した債務者に対する権利行使について考えてみると，倒産債権は訴訟物，倒産債権者の地位は原告適格，債権届出は訴えの提起に準えることができ，債権調査（内容に争いがあれば査定の裁判など）の手続を経て，確定債権として債権者表に記載されると，それが確定判決と同一の効力を有することとなる。
　とはいえ，債務者の経済的な窮境のゆえに開始される法的整理の宿命で，確定債権の内容が額面どおりに実現されることは例外である。民事再生であれば，再生計画の条項により権利の変更（期限の猶予や債務の免除など）が施されることになるし，破産であれば，管財人が実施する破産配当（破産財団が枯渇していれば，無配当のまま手続廃止）の結果を甘受せざるを得ない。
　そこで，こうした一連の手続（財産の換価や事業の再生，そして割合的な満足）が公正かつ平等に遂行されるため，倒産債権者には，まず手続開始の通知を受けるところから始まり，債権届出により手続に参加すると，債権調査の手続に関与したり，債権者集会で議決権を行使したり，その他，法定の手続権が保障されることになる。また，利害関係人として，法律に規定された範囲（集団的な権利行使の秩序）内において，所定の情報開示を受けたり，必要な説明を求めたり，極端な場合には，管財人の解任を求めるなどの対応も考えられる。このようにして，倒産債権者の実体権と手続権が集団的に実現されることが，制度上，企図されているのである。
　ところで，倒産債権の内容が金銭の支払いを目的とせず，あるいは条件付きであるなどの場合，破産においては，そうした性格の債権が混在することが，形式的平等を旨とする金銭配当の支障となるため，法律上，そうした実体権の金額化や無条件化が図られている。これに対して，民事再生では，同様の規定がなく（議決権額の決定については別），再生計画案に必要な権利変更の条項を置いて対応すべきことになる。

第5講
双務契約の取扱いⅡ

【事案の概要】

　A株式会社（以下，「A社」という）は，不動産の管理・仲介などを事業内容として昭和52年に設立された。当初は役員3名のみの小さな会社であったが，折からの好況の波に乗って業容を拡大し，平成元年には従業員18名を抱え，複数のテナントビルを所有するまでに成長を遂げた。しかし，その後の不動産市況の急冷と低迷により業績の悪化を余儀なくされた。過熱する不動産投資ブームからは一歩引いていたため，ある程度の損失は抱えながらも会社の倒産は免れたが，従業員のリストラや銀行からの支援により，細々と経営を続けるような窮状が長く続くこととなった。途中，大口テナントの経営破綻による未収賃料の不良債権化などもあったが，その都度，関係者の尽力で経営を持ち直してきた。

　平成21年頃になると，自社物件の老朽化（近隣の再開発の余波による陳腐化や供給過剰）により，テナントの入居率が大幅に下がり，賃料水準を下げても回復の兆しが見られず，A社は極めて厳しい局面に立ち至った。平成22年9月，A社の代表取締役であるBは，このままA社の経営を継続しても，早晩（2～3ヶ月以内），銀行への返済や外注先への支払いなどの資金が枯渇し，混乱に陥るのは確実で，関係先への迷惑を最小限に留めるには今しかないと考え，破産を決断した。そして同月末頃，破産手続開始の申立てを行い，同年10月3日午前10時，A社につき破産手続を開始する旨の決定がされ，Xが破産管財人に選任された。

設問：BASIC

▶【第1問】

　A社が所有する甲マンションの各居室は，それぞれ賃借人C1～C5の5名が賃借していた。このうちC1～C3（すべて個人）は，生活の本拠として居住していたが，C4（法人）およびC5（個人事業主）は，従業員に転貸する目的で契約していただけであり，みずからは居住せず，今は転借人もいない状況であった。A社にかかる破産手続開始決定により，C1～C5がA社と締結していた賃貸借契約は，どのような影響を受けるのか検討しなさい。なお，C1～C5の賃借権は，いずれも登記されていないものとする。

設問：ADVANCE

▶▶【第2問】

　A社は，平成21年12月，ノンバンクD社より融資を受けた際，A社の所有する乙ビル全フロアを賃借するE社が支払うべき賃料債権のうち，平成22年1月から同年12月までの1年分につき，D社に対して担保のために譲渡し，その登記を経由した（動産債権譲渡特4条）。A社にかかる破産手続開始決定により，この債権譲渡がどのような影響を受けるのか検討しなさい。

▶▶▶【第3問】

　平成22年9月末時点におけるA社の従業員は8名であったが，破産手続開始決定の時刻に合わせてA社の本社に着任したXは，さしあたり1か月間で大方の残務処理を終えられるものと判断し，全員に対し，平成22年11月2日をもって解雇する旨の予告をした（その後は必要にあわせて人選してパートタイムで事務を依頼する予定であった）。ところが，あらかじめBから指示を

受けていたA社の経理担当者は，同年10月3日の午前10時15分，A社の全従業員に対する未払給与（合計約2ヶ月分）を振込み送金し，同日中に各自の預金口座に着金してしまった。Xは，これらの給与の支払いについてどのように取り扱えばよいのか検討しなさい。

BASIC問題の解説

▶【第1問】
1 出題の趣旨
　この設問は，賃貸人の破産に伴い，その賃貸借契約が破産手続上どのように処理されるのかについて問うものである。
2 基本事項の確認
　破産手続開始時に存続している賃貸借契約は，賃貸人および賃借人の双方に未履行義務があるため，双方未履行の双務契約に該当し，破産管財人が解除か履行の選択をすべきことになるが（破53条），第三者に対抗できる要件を備えた賃借権については，賃借人保護の見地からの例外が認められている（破56条1項）。
3 検討のポイント
　そもそも，賃貸人の破産は，賃借人が関知しない出来事であり，何らの非もなく正当な賃借権（一種の財産権）が失われるとすれば，しかもそれが居住や事業活動の本拠であるような場合は特に，不都合な事態を招く。双方未履行の双務契約の処理に関する規律によれば（破53条），破産財団をめぐる権利・法律関係を整理・清算する目的から，破産管財人は契約の履行か解除かの選択が可能とされているが，一定の場合には解除が制約されることになる（破56条）。

　この点，C1～C3については，引渡を受けて現に居住しているのであるか

ら，第三者対抗要件を備えているといえよう（借地借家法31条1項）。他方，C4とC5については，単に転貸用に契約の合意をしただけであるとすれば，引渡の評価が微妙であるが，実際上，そうしたことは稀なはずで，居室の鍵を賃借人が預かった段階で引渡ありと評価してよいであろう。

なお，Xの解除が制約されるにせよ，解除か履行かの選択権が認められるにせよ，実際，こうした物件は，現に賃料による収益を生み出す資産として不動産投資家などに売却する方が，破産財団にとっても有利な場合は多い。

そうすると，管財人があえて解消したいのは，賃料の不払いを続けるような賃借人との関係であり，それは破産法の規定を待たずとも，債務不履行（信頼関係破綻）を理由に民法上の法理にしたがって実施できることである。

［参考文献］　一問一答破産84～86頁，理論と実務199～200頁，管財手引190～191頁，概説213～216頁．

ADVANCE問題の解説

▶▶【第2問】

1　出題の趣旨

この設問は，賃貸人が将来の賃料債権につき破産手続開始決定前にした処分の有効性について問うものである。

2　基本事項の確認

現行法には，賃貸人がした将来の賃料債権の処分について特に制限する規定は存在しない。譲渡の有効性の範囲については，通常の場合において効力が承認される限り，破産手続との関係でも，その効力が維持される。

3　検討のポイント

将来債権の担保化や資金化（流動化）に対する金融実務の要請があり，判例上も将来債権の譲渡の効力が広く認められるようになり，破産手続との関

係でこれが制限されるとすれば，それがリスク要因となって先の実務的要請が阻害されることから，現行法は旧法下でみられた時的規制（譲渡は将来の6ヶ月分に限るなど）を撤廃した。もちろん，これが広く認められるとなれば，賃料債権譲渡済みの賃貸借物件について破産財団に管理事務のみ負担が残るという問題にもなり得るが，民法および民事執行法上，将来の賃料債権の処分などの効力が認められる限り，これを破産手続との関係でのみ否定する解釈は難しく，破産管財人としては，破産財団の増殖に資するところがないとすれば，あとはその物件を破産財団から放棄する方向で考えざるを得ないであろう。

　本問においては，A社がD社に対して譲渡した賃料債権は，賃借人が特定され，期間も1年分に限定されている。それゆえ，一般的な解釈にしたがえば，この程度の将来債権の譲渡は合理的範囲内と解されており，すでにその登記も経由しているとなれば，破産手続上も有効なものとして取り扱われよう。

　　［参考文献・参考判例］　一問一答破産88〜90頁，基本構造と実務294〜298頁，伊藤280〜281頁，最判平成10年3月24日民集52巻2号399頁，判タ973号143頁，最判平成11年1月29日民集53巻1号151頁，判タ994号107頁．

▶▶▶【第3問】

1　出題の趣旨

　この設問は，破産手続における労働債権の取扱い，および破産手続開始後の破産者による弁済の効力を問うものである。

2　基本事項の確認

　破産手続開始前に発生した破産会社の従業員に対する未払給与債権（労働債権）については，実体法上，一般先取特権が成立することから，破産手続上は優先的破産債権とされるのが原則であるが（民306条2号，308条・破98条），労働者の生計を保護するため，合計3ヶ月分に相当する金額までは，政策的

に財団債権とされている（破149条）。財団債権については，破産債権に優先して，随時弁済される（破2条7項，151条。ただし，100万円以上の弁済については，裁判所の許可が必要とされる。破78条2項13号，3項1号・破規25条）。（優先的）破産債権は，破産手続によらなければ弁済を受けられないが（破100条），労働債権に関しては，破産管財人が裁判所の許可を得て配当手続の前に弁済できる制度が設けられている（破101条）。なお，破産手続開始後に破産者が破産財団に関してした法律行為は，破産管財人に対してその効力を主張することができない（破47条1項）。

3　検討のポイント

この設問においてＡ社が従業員に弁済した給与債権は，Ａ社の破産手続との関係では，結果的には財団債権として扱われるべきものである。したがって，仮にＡ社が支払わなくても，Ｘが随時優先的に弁済をしなければならない債権である。他方，Ａ社が破産手続開始後に破産財団を原資として実施した弁済は，Ｘに対してその効力を主張できないので，Ｘは，弁済した金銭について労働者に返還を求めることも可能である。

ここでＸが考えなければならないのは，破産財団の形成の見通しである。破産配当まで可能な程度に潤沢であれば，Ａ社による弁済をＸが追認した方が簡便であるし，労働者の保護にも資する（ただし，イレギュラーな処理となるため，念のため裁判所の許可を得ることは考えられる。破78条2項11号）。他方，いずれ異時廃止は必至で，破産財団が財団債権の総額を弁済することが難しそうであれば（破152条1項参照），労働者から弁済金を回収し，あらためて正規の手続を踏んで，破産財団として可能な範囲で弁済をすべきことになる（ちなみに，破産手続開始後に生じる賃金については，破148条1項2号，152条2項参照）。

　　　［参考文献］　大コンメ588〜592頁，条解破産704〜708頁，理論と実務178〜184頁，管財手引194〜200頁．

第6講
多数債務者関係

【事案の概要】

　Aは，スポーツ用品（主にウェア関係）の製造販売を行うB株式会社（以下「B社」という）を昭和58年に設立し，その代表取締役として経営を一手に取り仕切っている。B社の工場および店舗は，甲県乙市にあるが，Aは甲県乙市に隣接する丙県丁市に家族とともに居住していた。B社は，平成6年頃に一度，いわゆるバブル経済の崩壊の余波を受けて，事実上の倒産状態に陥ったことがある。このときは私的整理を実施することとし，Aが個人資産を処分し，親族の支援も仰ぎ，金融機関からの借入金債務に充当して圧縮し，残債務については，元本の長期分割弁済（損害金の免除，利率の軽減）を合意し，会社を存続させることができた。自宅を処分したAは，借家に移り住むこととなったが，子どもの通学などの都合もあり，丙県丁市内にとどまった。

　その後，AはB社の経営維持に奔走し，何度かの危機もあったが，その都度，サッカー人気などに救われ，なんとかB社の事業を継続することができた。しかしながら，平成20年9月のリーマンショック，いわゆるサブプライム・ローン問題に端を発する世界的な不景気，国内消費需要の低迷などの影響を回避することができず，B社は，平成20年12月末，甲県乙市を管轄する地方裁判所に破産手続開始の申立てを行い，平成21年1月14日，破産手続開始決定を受けた。

　なお，Aは，B社の経営維持のため個人資産のほとんどを投入してきたこと，B社の借入金の全額について個人保証をしていたこと，しかし他には債権者もほとんどいないことから，当面の間，B社の後始末に力を注ぐが，いずれ自分も自己破産しようと考えていた。

設問：BASIC

▶【第1問】

　B社は，平成18年夏頃，C信用金庫から1,000万円の融資を受け，その際，Aはこれを連帯保証した。B社について破産手続が開始された時点で，C信用金庫の貸付金債権の残額は800万円であり，その全額について破産債権の届出がされ，かつ，異議なく認められた。そして，その確定債権額の2％に相当する額につき，中間配当が実施された。

　その後，Aについて破産手続開始決定がされた場合において，C信用金庫が保証債務履行請求権につき破産債権として届出をすべき金額について検討しなさい。なお，C信用金庫は，B社に対する主たる債権およびAに対する保証債権につき，B社の破産手続における配当のほか，何ら弁済などを受けていないものとする。

設問：ADVANCE

▶▶【第2問】（第1問とは関係ないものとして検討しなさい。）

　Aは，B社の破産手続が開始され，手続が順調に進行していることから，弁護士と相談の上，平成21年2月24日をもって自己破産することとした。この場合，破産手続開始の申立てをすることができる裁判所の管轄について検討しなさい。

▶▶▶【第3問】

　Aの破産手続開始決定と同時に，Xが破産管財人に選任された。XがAの財産の状況や破産に至る経緯について調査をしたところ，破産手続開始の申立てをする5日前，Aが元妻に28万円を支払っていたことが判明した。X

がAに問いただしたところ、Aと元妻とは、B社が破産手続開始申立てをしたときに協議離婚し、その際、2ヶ月に一度、2人の子どもの養育費（月額1人あたり7万円）を一括して振込み送金するとの約束をしており、その支払いであった旨の説明であった。さらに、これらの内容は、書面にして両者が保管しており、その際、元妻の代理人弁護士も立ち会っている旨の釈明もした。

そこで、Xが関係先に照会をしたところ、たしかにAの話した内容に偽りはなかった。Xは、この破産直前の金銭の支払いについて、どのように取り扱うべきか検討しなさい。

BASIC問題の解説

▶【第1問】

1　出題の趣旨

この設問は、開始時現存額主義の内容とその適用方法について問うものである。

2　基本事項の確認

実体法上、同一の給付を目的として一人の債権者に対して複数の債務者が債務を負担する場合（主債務と保証、連帯債務など）、その債務者の一部または全部について破産手続が開始された場合には、開始時現存額主義（破104条）が適用されることになる。これは2つのルールから構成される。まず、破産手続が開始された時点で現存する債権額について、債権者は各全部義務者の破産手続において権利を行使することができる（〔現存額ルール〕破104条1項）。次に、破産手続開始後に他の全部義務者などから一部弁済（破産配当、〔物上〕保証の履行）などがされたとしても、債権者の当初の届出債権額には影響を及ぼさない（〔非控除ルール〕破104条2項）。債権者の満足を最優先する趣旨である。

3　検討ポイント

　この設問では，C信用金庫がB社の破産手続において中間配当金を受領した後に，Aの破産手続が開始している。Aの債務とB会社の債務は，実体法上，同一の給付を目的とし，その債権者はともにC信用金庫であるから，開始時現存額主義の適用を前提に，Aの破産手続において債権届出すべき額については，その手続開始時における現存額ということになる。この点，B社の破産手続において確定破産債権800万円に対して2％の中間配当が実施されているのであるから，その後の残債権額は，800万円－800万円×0.02＝784万円，ということになり，これがAの破産手続開始時における現存額となる。ゆえに，C信用金庫がAの破産手続において届出すべき破産債権額は，（800万円ではなく）784万円となる（現存額ルール）。なお，その後，B社の破産手続で第2回目の中間配当が実施されたとしても，その相当額につきAの破産手続における届出債権額から控除する必要はない（非控除ルール）。

　［参考文献］　理論と実務370～374頁，伊藤214～225頁，概説160～173頁．

ADVANCE問題の解説

▶▶【第2問】

1　出題の趣旨

　この設問は，法人とその代表者の双方が破産手続開始の申立てをする場合，原則的土地管轄だけでなく，補充的土地管轄が存在するという点を問うものである。

2　基本事項の確認

　破産事件の管轄は，すべて専属管轄（破6条）であり，合意管轄は認められていない。管轄はさらに職分管轄と土地管轄に分けられるが，前者は地方裁判所の管轄（破5条・裁判所法25条）に属し，後者には原則的土地管轄（破

5条1項），補充的土地管轄（同条2項），関連土地管轄（同条3～7項）がある。関連土地管轄には，親子会社に関するものや（破5条3項～5項）法人と法人の代表者に関するもの（同条6項）があり，複数の管轄がある場合には，先に申立てがされた裁判所が専属管轄となる（同条10項）。

3　検討ポイント

　自然人であるAが破産手続開始の申立てを行う場合，基本的には，原則的土地管轄により，その住所地を管轄する裁判所が候補となる（破5条1項）。しかし，AはB社の代表者であるから，それに加えて，関連土地管轄により，B社の破産手続が継続する裁判所も候補となる（同条6項）。したがって，Aの普通裁判籍である丙県丁市を管轄する地方裁判所か，B社の破産手続が係属している甲県乙市を管轄する地方裁判所のいずれかに対し，申立てをすることができる。なお，実務的には，通常，会社と代表者は一緒に処理する方が効率的である。

　［参考文献］　大コンメ30～43頁，条解破産46～60頁，一問一答破産31～33頁．

▶▶▶【第3問】

1　出題の趣旨

　この設問は，破産手続開始申立ての直前にされた養育費の支払いについて，否認の可能性などを問うものである。

2　基本事項の確認

　詐害行為否認（破160条）の要件は，詐害行為，詐害意思および受益者の悪意である。偏頗行為否認（破162条）の要件は，危機時期，偏頗行為および受益者の悪意である。なお，否認の一般的要件として（または阻却事由として），有害性や不当性（または相当性）が指摘されている（異論もある）。

3　検討ポイント

　Aが元妻に支払った養育費の問題について，否認との関係で状況を整理し

ておく。まず，養育費支払請求権に関する合意は，元妻とAの協議離婚を前提とするが，その離婚自体が財産隠匿を目的とした偽装であるなどの事情があれば，その財産処分に関する部分について，詐害行為（無償行為）にかかる否認の成否を検討すべき場合も皆無ではない。しかし，Aの説明が正しいものとすれば，合意された金額水準に照らし，将来にわたる養育費の支払いに関する合意そのものについて，社会的な相当性を欠く財産処分がされたとは評価できず，否認の成立は難しいであろう。

　では，その合意に基づき具体化した個別の養育費支払債務に対する弁済について，偏頗行為としての否認は可能か。形式的には，弁済期が到来した破産債権に対する危機時期における弁済であり，もともと身内であった債権者（元妻）がAの危機時期について悪意であった可能性も高い。しかしながら，法律上，破産者に認められる自由財産の範囲と比較しても，実際に支払われた金額はこれに収まるものであること，協議離婚にあたり合意された養育費の支払いという性格に照らし，それを他の破産債権者との関係であえて不当とすべきか否かは，一考を要するところと考えられる。

　この設問では，事実関係が十分に明らかではなく，離婚に至る経緯，それに伴う慰謝料や財産分与などの条件，現実に子らの監護に要する費用の試算，その他の事情により，否認の成否について，いずれの結論にも至る余地がある。したがって，どれだけ説得的な理由付けをすることができるのかを十分に検討することがポイントとなる。

　［参考文献］　管財手引211〜216頁，伊藤385〜408頁，概説268〜295頁，概論234〜254頁．

【コラム3】 破産における労働債権・租税債権の順位

　破産手続は，破産者をめぐる利害関係人の要求に対して充分には応えられないという状況を前提として，その権利関係を整序し，実体的な優先劣後の関係に応じて配分的な満足を与える手続である。それゆえ，手続開始前の原因に基づく財産上の請求権は，基本的には破産債権として個別的権利行使が禁止される。一方で，手続開始後に生じた請求権は，財団債権として随時優先弁済が認められるものであるが，政策的な配慮から，法律上，優劣の序列に変容が加えられている。

　たとえば，破産前に生じた労働者の給料や退職手当は，それが実体的に一般の先取特権により保全されていることとの関係で，破産法上，別除権までは認めないが一般債権との関係では優先的破産債権として処遇するというのが基本線である。しかしながら，財団不足の場合に一切の配分が及ばないのは労働者の生計維持への脅威ともなるため，一定の範囲で財団債権に格上げされている（格上げされない部分についても，同じ理由から，配当手続前に裁判所の許可を得て早期に弁済するという途が開かれている）。もちろん，手続開始後も雇用関係を部分的に維持して管財業務に従事させる場合には，その人件費は財団債権として処遇される（ただし，破産手続開始後の解雇による退職給付の処遇については，さらに細かな議論がある）。

　他方，租税債権は，旧法以来，租税の徴収確保という見地から財団債権としての処遇が基本線とされてきた。しかしながら，（自力執行権の付与という特異性はともかくとして）実体的には一般的優先権が認められているにすぎず，また，財団不足の場合に労働債権への配分原資に欠けることも多かったことから，現行法では，納期限の到来から一定の期間の過ぎた部分は優先的破産債権（それに対する開始後の延滞税などは劣後的破産債権）に降格されている。

　ただそうなると，破産管財人としては，限られた時間と資料の中で，財団債権の全容を把握して随時弁済の時機を計ると同時に，優先的破産債権についても，個々の問い合わせに応対しながら届出債権の調査を実施し，その配当の可能性まで探らねばならず，所要の税務申告に加え，未払賃金立替払制度（労働者健康福祉機構）の利用まで含めれば，それは相応に手間暇のかかる難易度の高い事務となるものである。

　なお，事業継続を旨とする民事再生では，手続開始前の労働債権・租税債権はいずれも一般優先債権として随時弁済の対象とされるため，破産とは様相を異にする。

第7講
相 殺 権

【事案の概要】

　Ａは，小規模地方都市の駅前商店街で，父親から受け継いだ家具店を営む個人事業主であった。バブル経済の崩壊後，地方都市の景況は悪化の一途をたどり，さらに過疎化や郊外型大規模小売店の進出が追いうちをかけ，Ａが店舗を構える駅前商店街も，いわゆる「シャッター通り」となりつつあった。Ａの家具店も経営努力を続けていたが，事業の状況はよいものではなかった。

　平成15年5月下旬頃，同じ商店街で小料理屋を営むＢが借金の連帯保証人になってくれないか，と頼み込んできた。Ｂとは，同じ高校の同級生で長年友人関係であったこと，また，Ａの生活が苦しかったときに金銭的援助をしてくれたこともあったので，ＡはＢの依頼を引き受け，ＢがＣ金融公庫から借り入れた400万円について，Ｃ金融公庫との間で連帯保証契約を締結した。

　ところが，Ｂは，平成16年2月初旬，過労が原因によるくも膜下出血で死去してしまった。Ａは，Ｂの妻子に負担をかけさせないため，Ｃ金融公庫と話し合い，Ｂの借入金の残額320万円ほどについて，全額自分が返済することを約束した。しかしながら，Ａの生活にもゆとりがなかったことから，この連帯保証債務が，Ａの生活を大きく圧迫することとなった。

　平成16年夏頃には，Ａは消費者金融などから事業資金および生活費を借りるようになり，平成18年末頃には，1,500万円ほどの金額にまでふくれあがり，家具店の営業自体を継続することも難しくなった。

　平成18年12月末日，Ａは経営する商店のシャッターに「閉店」の張

り紙をして，家族にも相談せず一人で失踪してしまった。Aの家族は，自殺のおそれもあることから，警察に捜索願を出し，また親族と相談した上で，興信所を利用してAの所在を探すこととした。

平成19年12月下旬，首都圏の工事現場で働いていたAが発見された。親族や家族の説得の結果，Aは自宅に戻り，事業等で生じた借金を清算することとしたが，失踪中の不摂生による内臓疾患が見つかり，平成20年の1月から3月にかけては入院生活を送った。Aが地元の司法書士に相談したところ，自己破産が望ましいという結論に至った。そこで，平成20年6月10日，Aは管轄裁判所に破産手続開始の申立てを行い，同月18日，Aに対して破産手続開始決定がされ，Xが破産管財人に選任された。

設問：BASIC

▶【第1問】

Aの知人であるDは，Aの失踪直前の12月中旬，Aから50万円ほど貸してくれないか，と頼まれた。長い付き合いでもあり，Aの生活等が苦しいことを知っていたDは，Aの依頼に応じて金銭の貸し付けを約束した。ただし，すぐには用意できないので，1ヶ月以内に持参する旨を話すと，「自身が不在の時は，家族に渡して欲しい。」と依頼された。Dは，Aの失踪直後の平成19年1月6日に50万円を持参したが，Aは不在であった。この時，Aの家族から，Aは負債を苦にして店を閉め失踪したことを告げられたが，Aの家族を不憫に思い，Aとの約束通りAの家族に金銭を手渡した。DはAと仕事上の取引があり，Aに対し40万円ほどの買掛債務を負担していたが，Aの家族からは，「本人でないとわからないので，Aから請求があるまで支払う必要はない。」と言われた。

Aの破産手続開始後，XはDに対してこの40万円の売掛債権の履行を請求してきた。Dとしては，50万円の貸付債権も有していたことから相殺を主張しようと考えた。Dの相殺の主張は認められるか検討しなさい。

設問：ADVANCE

▶▶【第2問】
　Aに対して破産手続が開始された時点で，次のような手続が係属していた。Aについての破産手続開始決定により，どのような取扱いとなるのかを検討しなさい。
　(1) 平成16年ころにAに貸し付けをしていた金融業者Eは，平成20年4月にAが自宅に戻ったことを知り，Aに対し貸金200万円の支払いを求める訴えを提起した。Aは第一審の第一回口頭弁論期日を欠席したため，第一審ではEの請求を全部認容する判決がされたが，Aは司法書士のアドバイスに従って控訴し，破産手続開始決定時，この訴訟は控訴審に係属中であった。
　(2) Aが失踪した当時，Aが普段使っていた車もなくなっていた。そのため，Aの家族は，Aが車で失踪したものと考えていた。ところが，Aの失踪中の平成19年1月，中古車販売業者Fが来訪し，Aの車を引取りに来たと主張した。Fの話によれば，失踪直前の平成18年12月初旬，Aの車を40万円でFに売却する話がまとまり，同月24日にFからAに代金が支払われたものの，年末まではAが車を仕事に使いたいとしたことから，翌年1月7日にAからFに車が引き渡される予定であったとのことである。Aの家族は初めて聞く話であり，Aも失踪していたこと，また車自体の所在が不明であったことから，その旨をFに説明した。しかしながら，Fは納得せず，再三の話し合いがもたれたが，解決には至らなかった。その結果，平成19年12月，FはAに対して車の引渡しを求める訴えを提起した。ちょうど年末に自宅に

帰っていたAは，訴状の送達を受領し，本人訴訟として応訴しており，破産手続開始決定時，この訴訟は第一審に係属中であった。なお，この車は，Aが失踪直後に友人に管理を依頼した上で預けていたが，破産手続開始時にはAの元に戻ってきていた。

BASIC問題の解説

▶【第1問】
1　出題の趣旨
　この設問は，危機時期に取得した破産債権を自働債権とする相殺に関する破産法上の制限について問うものである。
2　基本事項の確認
　(1)　破産法上の相殺権について
　同種の目的を有する債権と債務が対立し，双方の債務が弁済期にある場合，各債務者は相殺により，自己の有する債権と引き換えに対当額の債務を免れることができる（民505条1項）。相殺は簡易決済機能に加え，自働債権の債務者の資力が乏しい場合に，相殺によって回収不能の危険を免れることができる担保的機能を備えている。
　自働債権の債務者についての破産手続開始は，その資力欠乏が顕著な状況をしめすが，破産法は，相殺の担保的機能を尊重することとして，破産債権者の個別的権利行使禁止（破100条1項）の例外として相殺権を規定し，破産債権者が，破産債権を自働債権とし，破産手続開始時に破産者に対して負担する債務を受働債権として行う相殺を原則として認めている（破67条1項）。そして，破産法上の相殺権では，条件付・期限付債権や非金銭債権を自働債権とする相殺を認めるなど，民法上の相殺よりも相殺可能な範囲を拡張している（破67条2項）。

その一方で，破産債権者による相殺は，他の破産債権者の利益の犠牲の下に，自働債権に優先的満足を与える結果ともなることから，合理的な担保的期待を欠き破産債権者間の公平を害する相殺については，その効力を制限する必要がある。そこで破産法は，自働債権の取得および受働債権の負担の時期や態様に着目した相殺禁止の規定を置き，経済的苦境にある債務者に対する実質的価値の下落した債権を他の債権者から買い集めて自働債権とする相殺や，価値の下落した自働債権の回収を図るために，債務者の財産を購入するなどしてあえて受働債権を負担した上でする相殺などの効力を制限している（破産法71条，72条）。

　② 自働債権（破産債権）の取得時期や態様による相殺制限について

　破産手続開始後に他人の破産債権を取得したときは，これを自働債権として相殺をすることはできない（破72条1項1号）。また，破産者に対して債務を負担する者が，支払不能，支払停止，または破産手続開始の申立ての後に，それを知って破産債権を取得した場合には，これを自働債権とする相殺をすることはできない（破72条1項2ないし4号）。ただし，破産債権の取得が，①法定の原因に基づく場合（破72条2項1号），②支払不能または支払停止もしくは破産手続開始の申立てがあったことを破産者に対して債務を負担する者が知った時より前に生じた原因に基づく場合（同2号），③破産手続開始の申立てがあった時より1年以上前に生じた原因に基づく場合（同3号），④破産者との間の契約による場合（同4号）には，相殺禁止規定は適用されない。このうち，上記③の除外事由は，相殺が許されるか否か未確定の状態が長期にわたることを防ぐ趣旨である。また，上記④の除外事由は，すでに破産者に対し債務（受働債権）を負担する者が，破産者の要請に応じて融資を行うなどして債権（自働債権）を新たに取得することは，いわば担保と引き換えに融資が行われる同時交換的行為の実質を有するため，相殺を認めたとしても破産債権者間の公平を害するとはいえないし，このような相殺を禁止する

と，経済的危機に瀕した債務者が救済融資等を得ることによって事業や財産状況の建直しをする途を閉ざしてしまうことになりかねないためである。

3　検討のポイント

　Aは，平成18年夏頃には負債が1,500万円に達し事業継続が困難になり，同年12月末には自己の商店を閉店し失踪していることから，遅くともこの時点において，支払不能状態であり，かつ支払停止もあったものと認められる。そして，Dが50万円の貸付債権を取得したのはそれより後の平成19年1月6日であり，当時Aの閉店と失踪について知っていた。なお，消費貸借は要物契約であるから，Aの家族に金銭を交付した時点で，消費貸借契約が成立し返還請求権を取得したことになる。そうすると，Dが有する貸付債権50万円は，支払停止後の悪意の破産債権取得（破72条1項3号）に該当することになる。

　そこで，相殺禁止の例外の有無についてさらに検討すると，Aについて破産申立てがされたのは平成20年6月10日であり，Dの破産債権の取得はそれより1年以上前であるから，破72条2項3号により，同1項3号の相殺禁止規定は適用されない。また，Dの破産債権は，Aとの間の金銭消費貸借契約に基づく貸付金であるから，破72条2項4号によっても，相殺禁止規定の適用は除外される。他方で，受働債権である，DがAに対し負担する40万円の売掛債務は，破産財団所属債権であるが，その負担について相殺禁止規定に該当するような事由は特段見当たらない。したがって，Dの相殺の主張は認められる（破67条1項）。

　［参考文献］　伊藤358～385頁，概説243～262頁，概論272～284頁．

ADVANCE問題の解説

▶▶【第2問(1)】
1 出題の趣旨
　この設問は，破産者を当事者とする訴訟が，破産手続開始決定後どのように取り扱われるかについて，破産債権に関する訴訟を題材に問うものである。
2 基本事項の確認
　破産手続開始の決定があったときは，破産者を当事者とする破産財団に関する訴訟手続は中断する（破44条1項）。破産手続開始決定により，破産財団の管理処分権が破産管財人に専属する（破78条1項）ためである。それゆえ，中断の対象となる「破産財団に関する訴訟」には，破産財団に属する財産に関する訴訟に加えて，破産財団を引き当てとする破産債権および財団債権に関する訴訟が含まれる。

　破産債権（破2条5項）については，破産手続開始後は破産手続外での権利行使が禁止される（破100条1項）。破産手続に参加しようとする破産債権者は，裁判所に破産債権の届出をする必要がある（破111条1項）。届出があった破産債権については，その額などについて，破産管財人や他の破産債権者の認否（異議）に基づいて，裁判所による調査が行われる（破116条1項）。

　破産債権の調査において，破産管財人が認め，かつ届出をした他の破産債権者が債権調査期間または期日において異議を述べなかった場合，その破産債権は確定する（破124条1項）。この場合，中断していた破産債権に関する訴訟は，目的を到達したことにより当然に終了する。

　債権調査において，破産管財人が認めず，または届出をした他の破産債権者が異議を述べた場合，破産債権者は，中断していた破産債権に関する訴訟を，異議者等の全員を相手方として受継しなければならない（破127条1項）。

　ただし，異議等が述べられた破産債権について執行力ある債務名義または

終局判決がある場合（有名義債権），異議者等は，破産者がすることのできる訴訟手続によってのみ，異議を主張することができる（破129条1項）。ここでいう終局判決は，訴訟物として届出破産債権の存在を認める趣旨のものであり，給付判決に限らず，確認判決や請求異議訴訟の棄却判決も含まれる。これらの判決は確定している必要はない。未確定の終局判決であれば，破産管財人および異議を述べた他の破産債権者による，中断していた破産債権に関する訴訟の受継の申立て（破129条2項）をした上で，訴訟の中で異議事由を主張することになる。また，確定判決であれば再審の訴え（民訴338条）等によることになる。

3　検討のポイント

この事案においては，Aについて破産手続開始決定がされたことによって，金融業者EがAを相手取って提起していた貸金返還請求訴訟は，破産債権を訴訟物とする訴訟として，中断する（破44条1項）。Eは，Aの破産手続を主宰する裁判所に対し，Aに対する貸金返還請求権を，破産債権として届け出る必要がある（破111条1項）。中断した訴訟の帰すうは，上述したとおり，債権調査の結果次第ということになる。ただし，本問の破産債権については，終局判決である第一審の請求認容判決があることから，上述した有名義債権に関する手続に従うことになる。

［参考文献］　大コンメ180～185頁，条解破産337～344頁，管財手引223～226頁．

▶▶【第2問(2)】

1　出題の趣旨

この設問は，破産財団に属する財産に関する訴訟の取扱いを問うものである。

2　基本事項の確認

破産財団，すなわち破産手続開始決定時における破産者の財産については，

破産手続開始決定後は破産管財人が管理処分権を有する（破2条14項，78条1項）。破産財団に属する財産に関し，破産開始決定時に係属する破産者を当事者とする訴訟は中断する（破44条1項）。なお，ここでいう破産財団は，中断・受継の範囲を明確にする意味で，現有財団（現に破産財産人の管理下にある財産）と解するのが通説である。

　破産財団に属する財産に関する訴訟については，破産管財人が当事者適格を有するため（破80条），破産管財人または相手方は受継の申立てをすることができる（破44条2項）。相手方からの受継申立てがあった場合，破産管財人はこれを拒むことはできない。また，訴訟手続を受継した破産管財人は，従前の訴訟状態に拘束される。

3　検討のポイント

　この設問において，FはAを相手取って車の引渡請求訴訟を提起していた。車の所有権の所在は明らかではないものの，これを占有する被告Aにつき破産開始決定がされたため，現有財団に関する訴訟として中断することになる（破44条1項）。この訴訟については，破産管財人Xが受継によってAに代わり被告の地位に就くことができ，また，相手方であるFも破産管財人Xに対し受継を申し立てることができる（破44条2項）。

　　［参考文献］　大コンメ180～185頁，条解破産337～344頁，伊藤309～311頁.

第**8**講
詐害行為否認

【事案の概要】

　Aは，平成2年3月に首都圏の大学を卒業し，東京の老舗画廊B社に就職した。当時の美術品マーケットは過熱状態で，B社の業績も増収増益が続いており，A自身も初任給からして破格の待遇であった。Aは，就職後早々に結婚もした。しかし，いわゆるバブル経済の崩壊により，業界は冬の時代となり，本業とは無関係な不動産投資の失敗もあり，とうとうB社は平成10年に倒産してしまった。これを機に，Aは出身地に戻り，ある地方の中核都市において，それまでの経験や人脈を活かし，個人経営の「C画廊」を開店した。当初は，顧客の美術品についての鑑定評価の事務代行，売買の仲介，店頭での委託販売などを手がけてきたが，少しずつではあるが，自分で在庫を持つようなことも増えてきた。そこで，平成14年9月，自ら出資して株式会社C画廊を設立した（以下，単に「C画廊」という）。その際，自らは代表取締役となり，名目上，Aの旧友Dが取締役となった。

　同年12月頃，地元出身の高名な画家の描いた絵画2点を購入する気はないか，との話が，人づてにAのもとに寄せられた。それらを所有する企業の経営が悪化したため手放すことになった，というのが売却の理由であった。しかし，総額1,200万円（各600万円）という金額をただちに用意できるかどうか，Aには自信がなかった。そこでDに相談したところ，400万円までは自分が用立ててもよいとの返事を得られたので，C画廊は，まずその400万円を借り入れ，残る800万円はAが連帯保証してノンバンクE社から借り入れ，その結果，平成15年3月初旬，C画廊

は無事に絵画2点を購入するに至った。

　しかし，地域経済の低迷にも影響されて，その後のC画廊の業績はけっして芳しいものではなく，平成17年末頃には従業員の年末賞与などの支払い資金にも事欠くようになっていた。その間，先の2点の絵画も含め，在庫商品などの資産は可能な限り売却し，借入れ返済資金の捻出にも努めてきたが，平成18年2月頃には，もはや資金化できるような品物もなく，従業員の給料も店舗の家賃も不払いの状態に陥った。C画廊は，同年3月下旬頃に事業活動を停止し，4月7日，Aとともに自己破産の申立てを行い，同月15日，それぞれ破産手続開始決定を受け，いずれもXが破産管財人に選任された。

設問：BASIC

▶【第1問】

　AおよびC画廊の財産状況を調査したXは，次の財産処分に着目した。Xが否認権を行使しようとする場合，問題となる事項について検討しなさい。

　(1) 平成18年3月下旬頃，A名義の銀行預金口座から210万円が引き出されていた。Aの説明によれば，うち100万円は，AとC画廊の自己破産申立てに必要な費用として申立代理人弁護士に渡し，残りの110万円は，今後の生活費としてAの妻名義の銀行口座に移した，とのことであった。

　(2) 平成17年12月下旬頃，C画廊はFに対し，平成15年3月に取得した絵画2点を合計500万円で売却していた。Aの説明によれば，この2点については，C画廊の目玉商品として，取得直後から販売活動をしていた。しかしながら，実際には思うに任せず，そのうちに，実は1点は贋作ではないかとの風評まで広まってしまった。AはDにも相談した結果，在庫は早期に処分して資金化し，本業への備えとすべきとの意見で一致した。そこでAの

旧知の同業者Fに買取りを打診してみたところ，2点あわせても即金では合計500万円にしかならないとのことであったが，結局，その言い値で売却し，その代金は同年末の各種の支払に充当した，とのことであった。

設問：ADVANCE

▶▶【第2問】

Dは，C画廊に対する貸付金400万円をもって破産手続参加した。これに対し，同じく破産手続参加しているE社が，Xに対し，Dに対する破産配当は一切されるべきでない旨，主張している。Xとして，E社の主張を受け入れようとする場合に想定される課題について検討しなさい。

BASIC問題の解説

▶【第1問】

1　出題の趣旨

　この設問は，危機時期における財産処分に関する詐害行為否認の可能性について問うものである。

2　基本事項の確認

　債務者が財産の管理処分権を奪われるのは破産手続開始決定を受けた時点であるから，それまでの間，たとえ実質的に資力が欠乏していたとしても，その財産処分の効力がただちに否定されることはない。しかし，現に支払不能や債務超過の状態にあり，またはその発生が確実に予測される時期において，責任財産を絶対的に減少させる行為（詐害行為）がされると，何か他に合理的な理由がない限り，債権者の利益が損なわれることになる。そうした実質的な危機状態にありながら，債務者について破産手続が開始されない場

合には，各別の債権者が詐害行為取消権を行使するほかないが（民424条），現に破産手続の開始に至った場合には，総債権者のため，破産管財人が否認権を行使し，これにより詐害行為の効果を事後的に否定し，責任財産から逸出した財産を破産財団に回復すべきことになる（破160条1項）。現行法上，否認の要件は，それぞれの行為の類型に即して規定されているが，それらすべてに通じる一般的要件として，行為の有害性と不当性がある。

3　検討のポイント

(1)　Aが預金口座から引き出した現金210万円

債務者名義の預金の払戻しがされ，その資金を他人に移転されると，外形上は責任財産が絶対的に減少することになるから，後に開始された破産手続との関係で，詐害行為否認の成否が問題となる（破160条1項）。この点，まず，行為の当時における債務者の（無）資力について検討してみると，この設問において，Aは，C画廊の債務を保証していたが，C画廊はAの個人事業を法人化した存在であり，C画廊の破産によりAは無職となり収入の途が閉ざされる関係にあり，現に，ともに破産手続開始決定を受けていることからすると，C画廊が事業活動を停止した平成18年3月下旬頃には，無資力状態に陥っていたものと認められる。

次に，この行為の有害性が認められるか否か，および不当性が認められるか否かを検討する。

(a)　弁護士費用について

破産申立て業務が弁護士に依頼される場合，①その業務の対価である報酬，交通費や印紙代などに充当される実費の支払いに加え，②債務者ごとに金額が定められる破産予納金（破22条1項）や後に破産財団に引き継ぐべき債務者の資金を，あらかじめ（事実上の保全のために）弁護士が債務者から預かる場合がある。これらのうち前者（①）については，破産手続が総債権者の利益の確保の性質を有していることからすると，業務の対価として著しく過大

である場合を除き，有害性が認められないものと解される。また，後者（②）についても，予納金は破産手続の費用に充当されるものであり，そもそも責任財産を実質的に減少させていないといえる。この設問では，AがC画廊の分も含めて支払いをしている点は，若干，問題となり得るが，是非は別として法人と個人で事実上の経済的一体性があるとすれば，少なくとも相当性は認められると思われる。

(b) 生活費について

Aが妻に生活費として送金した資金について，形式論としては，責任財産の絶対的な減少を招いており，その否認権の行使に対しては，受益者である妻の側で破産債権者を害する事実を知らなかったこと（善意）の立証責任を負うところ，家計を同じくする妻が夫の経済的な窮境について善意の立証に成功する可能性は低いかと思われる。ただ，A名義の預金が仮に破産財団に残存していたとすれば，民事執行法上の差押禁止金銭（民執131条3項・民事執行法施行令1条）の1.5倍相当額（99万円）までの金銭は自由財産とされるし，その範囲を超える金銭についても，破産事件が係属する裁判所が，破産者の生活の状況や収入を得る見込みなどの事情を考慮して，自由財産が拡張（破34条4項）される場合もあり得る。それゆえ，実質論として，否認との関係で相当性が認められる余地はある。

(2) C画廊による絵画2点の売却

この設問では，C画廊がいつから無資力の状態に陥っていたかについて，必ずしも明らかにされていないが，絵画売却の当時，すでに換価可能な資産の資金化を進めてきており，絵画の売却により年末には債務の弁済をしたようであるが，その約2ヶ月後には賃金や家賃の支払いができなくなっており，一応，無資力の状態にあった（または，その売却により無資力に陥った）ものと推察される。

仮にそうした状態であったとしても，相手方Fにおいて，当時，その状態

について認識があったかどうか，つまり詐害の意思が認められるか（逆に，善意が認められはしないか）が問題となる。ＦがＡの旧知の同業者であることからすると，業界の不況を背景とするＣ画廊の経営難について，一応，認識があったものと推察される（特に，絵画の代金額が廉価であったとすれば，事情を知って「足下を見た」という可能性は高まる）。

ただし，仮にそれが認められるとしても，絵画のうち1点が実際に贋作であり価値がないとか，絵画市場の低迷により購入時よりも時価が下落したとか，売り急ぐ必要から若干の割引は避けられないとかの事情により，そもそも500万円が相当な対価であったとした場合，その代金が従業員への支払いほかＣ画廊の事業活動として年末に必要とされていた支払いに充当されたとすれば，詐害行為否認（破160条1項）の対象とならない可能性がある（破161条1項）。

　　［参考文献］　条解破産1010〜1026頁，基本構造と実務374〜388頁，伊藤385〜408頁．

ADVANCE問題の解説

▶▶【第2問】
1　出題の趣旨
　この設問は，破産した法人の内部者による債権届出の取扱いについて問うものである。
2　基本事項の確認
　破産法人に対し，その破産前に資金の貸付け（仮払い），保証の提供（求償権の取得），支払の猶予（請求の保留）などをしていた者は，本来，破産債権者として権利行使が可能なはずである。しかしながら，その法人の役員や支配株主など内部者による債権届出は，現実には他の破産債権者に釈然としな

い感情を生じさせる。それゆえ，実際上，届出の自制や取下げがされる場合は非常に多いし，破産管財人が道義的責任について当人に示唆する場合もある。内部者により拠出された資金が実質的には法人への出資（自己資本）として評価できるような状態であったとすれば，むしろ他のすべての債権に劣後する処遇こそ公平に適うという可能性もある。しかし，これを客観的に評価するための基準はなく，実際上，内部者の良識に委ねられている面はある。では，内部者が任意に応じない場合にはどうなるか。この点，破産債権確定訴訟の裁判例においては，内部者による求償権の届出につき，法解釈として劣後的取扱いは認められないとして請求を認容したものがある一方，信義則に反するとして請求を棄却したものもあり，なお解釈に委ねられている論点である。

3　検討ポイント

この設問において，DのC画廊に対する貸付金400万円について，弁済期などの約定は明らかでないが，破産債権として手続参加する形式的な要件は問題ないはずである（破2条5項，103条3項・民137条1号）。ここで，DがC画廊の取締役であった点についてどのように評価すべきかが問題となる。代表取締役Aの相談相手となっていたという事情はあるにせよ，最終的な経営判断は出資者でもあるAの裁量で決せられていたことが窺われるし，資金拠出の経緯に照らし，実質的な資本と評価するには足りないように思われる。なお，破産した法人の役員に過去の任務懈怠が疑われる場合には，債権届出の自制といった曖昧な手法ではなく，役員責任査定決定（破178条1項）を経た上で双方の債務を相殺するなど，より明確な処理が望ましいこともある。

　　［参考文献・参考裁判例］　基本構造と実務360〜363頁，東京地判平成3年12月16日金判903号39頁，広島地（福山支）判平成10年3月6日判時1660号112頁．

【コラム4】 債権の保全回収と否認の可能性

　債務者の経済的危機を察知した債権者が保全や回収を促進しようと工夫を凝らすのは当然であるが，債務者について法定の倒産原因の認定を経て破産や民事再生の手続開始を経た状態から振り返って眺めれば，過去のある時期からは実質的に倒産状態であったはずであり，そのような，他の債権者が軒並み回収困難となった中での抜け駆けについては，むしろ，その保全や回収の効果を巻き戻すことが債権者平等に資する。
　しかし，真面目に保全や回収に向けて努力をした債権者にとってみれば，それが無闇に覆されたのでは堪らない。偏頗行為否認の制度として，その客観的要件や主観的要件，証明責任の分配，原状回復の範囲など，さまざまに規律されている趣旨は，このあたりの機微にある。債権者の行動様式に即して考えてみると，大体，次のようになる。
　(1) 債務者が支払不能になった後，それを知りつつ，既存の債権について本旨弁済を受けた場合，否認される可能性があるが，債権者の悪意は，債務者・管財人側で立証すべきことになる。(2) それが（債務者の義務に属しない時期にされた）期限前弁済の場合，支払不能になる前であっても30日以内のことであれば，債権者側で他の債権者を害する事実を知らなかった旨を立証しないと，否認を免れない。支払不能後のことであれば，債権者の悪意が推定される。(3) 代物弁済についても（(1)と同様）否認の可能性はあり，しかも，その方法が義務に属しないものとして債権者の悪意が推定されることになる（さらに，消滅した債務額よりも目的物の評価額が過大である場合には，その範囲では詐害行為の色彩を帯び，別途，否認の余地がある）。もっとも，担保目的物による充当の場合には，その相当な範囲では否認を免れよう。(4) 本旨弁済に代えて担保の供与を受けた場合にも（(1)と同様）否認の可能性はあり，しかも，債務者の義務に属しないものとして債権者の悪意が推定され，さらに，それが支払不能前30日内のことであれば，債権者側で不知の立証をしない限り（(2)と同様）否認を免れない。もっとも，既存債務とは別に，新たな緊急融資に伴う担保権の設定など，いわゆる同時交換的行為であれば，否認は免れよう。(5) 担保権の設定など，権利の変動について対抗要件（登記など）なくして第三者に対抗できない場合，支払停止や法的整理の申立ての後，それを知りつつ，原因行為のあった日から15日経過後に行われた対抗要件具備行為については，法律上，否認できるものとされている（実務的には，集合債権譲渡担保と対抗要件の具備などについて，よく問題となる）。

第9講
偏頗行為否認

【事案の概要】

　Aは、健康食品や健康器具を販売する中規模企業の従業員である。Aは年収450万円ほどであり、独身での生活には十分であった。それに加えて、Aには亡くなった両親が遺した不動産があった。具体的には、木造2階建ての自宅（築45年）と、それに隣接する木造2階建てのアパート（築30年）、およびそれらの敷地があり、平成15年当時、アパートの収入からこれら不動産の固定資産税を支払うと、年間100万円程度の黒字であったが、老朽化した建物の修繕費用などを支払うと、残額はほとんど無いという収支であった。

　平成16年の初頭、中堅の不動産ディベロッパーであるB社が、Aにアパートの建替え計画を持ちかけた。B社の説明では、①現在ある自宅とアパートを解体して、双方の敷地を併せた更地に8階建てのマンションを新築し、その1階を商業用テナント（3店舗分）、2階〜7階を賃貸用住宅、8階をA自身の自宅とすること、②マンションの設計および建築はB社が請け負うこと、③商業用テナントの募集、賃貸用住宅の入居者募集、マンション全体の管理は、B社の子会社であるC社が行うこと、④マンションの建替え費用は、Aが敷地と新築マンションを担保（第1順位の抵当権）としてD銀行から融資を受けて全額準備すること、⑤建替え費用の融資の返済は、完成したマンションの引渡しがされた翌月以降、D銀行にあるA名義の預金口座から月1回の引落しにより行うものとし、この引落口座は、店舗および住宅部分について賃借人が支払う賃料の振込口座に指定すること、などが中心的内容であった。B社の説明では、商業

用テナント2店舗と賃貸用住宅が7割入居すれば，借入金および固定資産税の支払いは十分に行うことができ，それ以上入居すれば，Aの収入は大幅に増えるとのことであった。

　Aは，この説明を受け，将来を見据えて建替えを決意し，B社，C社およびD銀行と上記①～⑤の内容を含む各契約をそれぞれ締結し，平成16年5月から，請負代金の支払いスケジュールに合わせて所定の融資が実行され，この融資をもとにB社がマンション建築に着手した。平成17年3月，マンションが完成し，その引渡しと同時にAは8階に入居し，C社による賃貸・管理業務が開始し，また新しい住人の入居も開始した。そして翌4月以降，所定の口座に対する賃料の振込みと，その口座からの融資金の引落としが開始された。

　平成18年3月頃までは，B社の説明どおりの入居率で推移したため，Aの収入が増えることはないものの，融資金の返済は滞りなくできる状況にあった。Aとしては，新しい自宅が得られたことで十分満足できる状況であった。

　ところが，平成18年5月，Aは勤務先のリストラの対象となり職を失ってしまった。Aは，賃貸収入だけで何とか生活できると考えたが，そのためには，商業用テナントがすべて埋まり，かつ賃貸用住宅の入居率が85％以上でなければならなかった。マンション自体の運営こそ順調であったが，融資金の返済が可能な最低ラインであるテナント2店舗，かつ入居率70％という水準で推移したため，生活費の捻出には至らなかった。そこで，これまでの預貯金を切り崩しながら再就職先を探していたが，それもなかなか見つからなかった。

　平成20年2月，Aは貯蓄が底をついたため，生活費の一部を賃料受取口座でもある融資金の引落とし口座から引き出すことにした。その結果，平成20年2月に引落し予定の融資返済額を残高不足により引き落とせないという状態を生じさせた。Aは，D銀行からの連絡を受け，急遽，父方の叔父であるEから不足分を借り受け，約定日の1週間後に入金し，即日，引落しがされた。

Aは，相変わらず再就職先が見つからず，その後，賃貸用住宅の入居率が60％前後まで落ち込んだことや，1階の商業テナントであったクリーニング店が退去したことから，D銀行への返済を再度延滞しないため，親戚や消費者金融からの借入を繰り返すようになり，その残高が急速に増加した。平成21年7月，親戚からの借入もついに不可能となり，また消費者金融からの借入も限界となったことから，D銀行への返済の引落とし日に再度残高不足による延滞が生じてしまった。Aは，D銀行から，延滞した返済金と遅延損害金を支払わなければ期限の利益を喪失する旨の通知を受領したが，もはや返済できる見込みもないことから，破産手続開始を前提とした債務整理のために，弁護士Xの事務所に相談に訪れた。

設問：BASIC

▶【第1問】

　AはXに対して親戚には迷惑をかけたくない旨を説明し，次の各債務の取扱いについてXの助言を求めた。Xは，どのように回答すべきか検討しなさい。

（1）Aは，母方の叔母であるFから50万円を借り受けていた。Fは，年金で生活しているので，できれば至急返済したいと考えている。破産手続が開始する前に全額返済したいが可能だろうか。

（2）Aは，Eから最初に借入れをした平成20年2月当時，「今後も金銭の貸借が必要になることが考えられるなら，あらかじめ土地とマンションに根抵当権を設定させて欲しい」との条件を付けられた。Aは，これを了承し，最初の借入金50万円を渡されると同時に，土地とマンションを共同担保として，極度額を200万円とする第2順位の根抵当権設定契約を締結し，同日，

根抵当権設定登記を具備させた。その後，Eからの借入は500万円ほどに達しているが，破産手続が開始された場合に，この根抵当権の効力が否定されてはEに迷惑をかけてしまう。この根抵当権設定契約および登記の効力は，破産手続が開始されても有効であろうか。

設問：ADVANCE

▶▶【第2問】
　Aは，平成20年度分の固定資産税の納期限であった平成21年5月末日までに，その納付ができなかった。このままAについて破産手続が開始された場合，この未払いの固定資産税は，Aの破産手続においてどのように取り扱われることになるか検討しなさい。

BASIC問題の解説

▶【第1問】
1　出題の趣旨
　この設問は，破産手続開始前の債務消滅行為などを対象とする否認権の行使について問うものである。
2　基本事項の確認
　破産手続が開始されると，破産者は財産の管理処分権を喪失し（破78条），破産債権者の個別的権利行使は禁止される（破100条1項）。これに対し，その手続開始前は，債務者の財産管理処分は妨げられず，債権者の権利行使も禁じられないから，その債務の弁済は，本来自由なはずである。しかしながら，破産手続開始の前であっても，債務者が経済的な危機状態に陥り，総債権者に対する約定どおりの満足が不可能な状況にあっては，債務者が行った

弁済（代物弁済や担保提供）は，その状況に導かれて開始された破産手続に拘束される他の破産債権者との関係では，公平を害することになる。そのため，このような偏頗行為については破産管財人によって否認権が行使され，事後的にその効果が否定される（たとえば，弁済金の返還を求められ，ひとたび消滅した債権は復活する）可能性がある。その要件は，以下のとおりである（破162条1項1号）。

① 既存の債務についてされた担保の供与または債務の消滅に関する行為であること
② (a)破産者が支払不能になった後，または，(b)破産手続開始の申立てがあった後にした行為であること
③ 債権者の認識として，(a)破産者が支払不能になった後にされた行為の場合は，支払不能であったことまたは支払の停止があったことにつき悪意であること，(b)破産手続開始の申立てがあった後にされた行為の場合は，破産手続開始の申立てがあったことにつき悪意であること

ただし，義務なき担保の供与や繰上げ弁済については，②'破産者が支払不能になる前30日以内にされた行為も対象とされ，かつ，③'その行為の当時，他の破産債権者を害する事実を知らなかったことを債権者（受益者）の側で立証しなければ，否認を免れない（同条1項2号）。

また，債権者（受益者）が，破産者との関係で一定の内部者である場合（自然人における親族，法人における役員）や，その行為が破産者の義務に属しない場合（担保の供与，繰上げ弁済，代物弁済）には，③"債権者（受益者）の悪意が推定される（同条2項）。

3 検討のポイント

(a) 小問(1)について

この設問において，Aは弁護士Xへの相談時，D銀行への融資金の返済をする手元現金がなく，親戚からの借入れももはや不可能で，消費者金融から

の借入枠もまたすでに限界まで使用しているという状況にある。これらの事情に照らせば，Aは，「支払能力を欠くために，その債務のうち弁済期にあるものにつき，一般的かつ継続的に弁済できない状態」（破2条11項）にあり，支払不能と認められる。

したがって，破産手続開始前のAがFに弁済を行うことは可能ではあるが，債権者Fが支払不能について悪意であれば，破産手続開始後，破産管財人に否認される可能性がある。特に，FはAの母方の叔母であり，Aからみると3親等であり親族（民725条）に該当するから，Aの支払不能について悪意の推定を受ける（破162条2項1号，3号）。そうであるとすれば，Fへの弁済について偏頗行為否認が認められる可能性は高い。したがって，弁護士Xは，その旨をAに説明することになる。

(b) 小問(2)について

この設問では，AがEから最初に借入れを行い，Eのために土地とマンションに根抵当権を設定した平成20年2月の時点において，Aは，銀行からの融資金の返済を残高不足により一度遅滞していた。しかしながら，当時はEから資金の融通を受けることが未だ可能な状態であり，かつ現にEから借り受けた資金により期限の1週間後には融資金の弁済を行っているから，一般的かつ継続的な弁済不能状態，つまり支払不能（破2条11項）とまではいえないと考えられる。そうすると，この設問の根抵当権設定は，Aが支払不能になる前の行為であるから，偏頗行為否認の対象にはならないと考えられ，そのまま有効なものとして扱われる，とXはAに回答すべきことになる。

[参考文献]　大コンメ644〜658頁，条解破産1033〜1045頁，伊藤400〜407頁．

ADVANCE問題の解説

▶▶【第2問】
1 出題の趣旨
　この設問は，破産手続における租税債権の扱いについて問うものである。
2 基本事項の確認
　国税は，納税者の総財産について一般的優先権を有する（国税徴収法8条）。また，地方税も同様に一般的優先権を有する（地方税法14条，1条1項14号）。破産手続においては，租税債権のうち，破産手続開始前の原因に基づいて生じ，かつ，破産手続開始当時，納期限が未到来か，納期限から1年を経過していないものについては，財団債権として扱われる（破148条1項3号）。また，開始決定後の原因に基づいて生じた租税債権であっても，破産財団の管理，換価，および配当に関する費用に該当するものは，財団債権として扱われる（破148条1項2号）。具体的には，破産財団に所属する財産の固定資産税や，法人住民税の均等割がこれに該当する。これらに該当しない租税債権のうち，破産手続開始前の原因に基づいて生じたものは，一般的優先権のある債権として，破産手続上は優先的破産債権として扱われる（破98条1項）。
3 検討ポイント
　この設問で問題となっている固定資産税は，市町村が課税権を有する地方税であり（地方税法5条2項2号），租税債権に該当する。平成20年度分の固定資産税は，破産手続開始前の原因に基づいて生じたものであり，その納期限が破産手続開始決定から1年以内であれば，財団債権として扱われる（破148条1項3号）。したがって，平成22年5月末日までにAについて破産手続が開始されれば，この設問の固定資産税は財団債権として取り扱われることになる。

　　［参考文献］　理論と実務185〜188頁，管財手引235〜242頁，伊藤228〜229頁，概説99〜102頁．

第10講
破産財団の管理・換価

【事案の概要】

　かつて林業の盛んであった山間部の甲市において古くから木製家具の製造業を営んできたA株式会社（以下，「A社」という）は，代表取締役B，取締役2名（Bの妻C，Bの弟D），従業員10名ほどの中小企業であった。しかし，近年の消費需要の低迷や安価な輸入品の市場浸透などにより業績の悪化に歯止めがかからず，優良な材木の入手も難しくなった。また，個人保証や物上保証による資金の借り増しもいよいよ限界となったことから，破産による廃業やむなしとの判断に至った。そこで，その旨をBの自宅の居間にて取締役会決議の上，平成17年6月10日に破産手続開始の申立てを行い，同月18日に破産手続開始決定を受け，Xが破産管財人に選任された。

　破産手続開始申立書およびその添付資料によれば，A社の財産の状況は，負債総額が約6億8千万円であるのに対し，資産としては，工場兼社屋の土地・建物，製品保管用倉庫の土地・建物，駐車場用地，銀行預金，有価証券，大型電動鋸ほか家具製造機械（工場備え付け），4トン積みトラック，若干の製品と多量の材木（傷物や不良品），などが残存するようであった。

設問：BASIC

▶【第1問】

　Xは，A社にかかる破産財団を構成する各種の資産につき，どのような方

針で管理と換価を進めるべきか。(1) 不動産 (2) 動産 (3) 現預金・有価証券・売掛金債権など，について，それぞれ検討しなさい。

設問：ADVANCE

▶▶【第2問】

　A社に対する破産手続開始後，E（Bの叔父）が，A社の保有している駐車場用地（以下，「甲地」という）の所有権を主張し，Xに対して同土地の明渡しを請求した。Eの主張によれば，もともと甲地はA社の創業者であるG（Bの祖父）の所有であったが，昭和58年にGが死亡したときに，その子であるEとF（Bの父）が相続した。そして，相続を原因とする共有登記をした後に，遺産分割協議を経てEの単独所有となったが，登記については放置された。

　その後，平成5年春頃，以前から入院していたFの容態が急速に悪化した際，EやBを含む親族の間でA社の将来などについて話合いがされ，甲地の名義についても話題とされた。その結果，A社の現在の経営状況から，当面の間，名義だけA社とすることとなり，A社への所有権移転登記が行われた。その登記原因は売買となっているが，A社からFやEに代金などの支払いがされた事実はないし，A社に請求がされたこともない。結局，同年夏頃にFが死去したが，その前後を通じ，甲地の固定資産税はEが支払いをしてきた。こうした経緯については，BのほかCやDも認めているところであるが，A社の取引先には，その資産としての価値は別にして，まだA社には無担保の駐車場があるものとして，信じ込まれていた。この場合，Eの請求は認められるのかについて検討しなさい。

BASIC問題の解説

▶【第1問】
1 出題の趣旨
　この設問は，破産財団の管理と換価の実際について問うものである。
2 基本事項の確認
　破産手続開始決定時に債務者に帰属する総財産は，破産財団を構成し（破34条1項），破産管財人が管理処分権を取得する（破78条1項。法人の破産については，法人登記簿上に破産の登記がされる。破257条1項）。他方，債務者は財産の管理処分権を剥奪されるが，破産財団を構成する個別の財産について，破産手続開始決定（包括的差押え）について公示（登記など）がされることは，原則としてない（自然人の破産における不動産に対する嘱託登記は例外だが，実務的には特に必要な場合を除き留保されることが多い。破258条，262条）。破産管財人が必要と認めるときは，裁判所書記官，執行官または公証人に，破産財団に属する財産に封印させる旨の規定があり（破155条1項），この封印執行を破棄すると罪に問われるという強制力もあるが（刑法96条），実費と時間の関係から利用されることは稀である。

　破産管財人は，就任後，ただちに破産財団に属する財産の管理に着手しなければならない（破79条）。財産の引渡しに応じない破産者に対しては，破産管財人の申立てにより裁判所がその引渡を命ずるという制度がある（破156条1項）。また，破産管財人は，破産手続開始後遅延なく，破産財団に属する一切の財産につき，手続開始決定の時における価額を評定しなければならない（破153条前段）。必要に応じて，破産管財人の申出により裁判所書記官が破産財団に関する帳簿の閉鎖をすることも可能である（破155条2項）。実際の管理の手段は，財産の種類や性質，その実情に応じて工夫すべきことになるが，破産者には，破産に関し必要な説明をする義務，裁判所が指定す

る重要な財産の内容を書面で開示する義務，財産評定に立ち会う義務などが課されている点には注意を要する（破40条各項，41条，153条後段）。

　破産財団の換価は，不動産に関する物権や知的財産権などについては強制執行の手続によることもできるが，基本的には任意売却によることになる（破184条1項）。実際の換価の作業もまた，財産の種類，数量や所在，性状や瑕疵，時価や回収可能性，担保設定の有無，協議や和解の必要性などにより，さまざまに工夫すべきことになるが，その際，金額が100万円を超える場合には，その処分につき裁判所の許可を得る必要がある（破78条3項1号・破産規則25条）。

3　検討のポイント

(1) 不動産（工場兼社屋の土地・建物，製品保管用倉庫の土地・建物，駐車場用地）について

　法人の破産により法人登記に破産手続開始決定が記載されるため，以後，破産者本人その他の者が名義の移転をしようとしても，その申請の際に添付される登記事項証明書の記載が障害となり，実行に移せないことになる。とはいえ，第三者による事実上の占有侵害については，妨害排除請求訴訟を提起するなどの対応が必要となる。

　換価については，任意に購入希望者を募り，購入希望者が現れた場合には，代金額を交渉して売却することが基本となるが，担保権が設定されている場合には，任意にその解除を受けない限り売却を実行できない。この場合，売買代金から不動産仲介手数料や登記費用などの経費を除き，かつ，その代金額の3～10％程度の金額を破産財団に組み入れ，その残金を担保権者に弁済して担保の解除を受ける，という実務が定着している。しかし，この担保解除（弁済額）について協議が調わない場合には，破産管財人としては，担保権消滅許可の申立ても検討しなければならない（破186条）。他方，合理的な期間内に購入希望者が現れなかった場合には，事前に担保権者に通知の上

（破産規則56条後段），裁判所の許可を得て，破産財団から放棄せざるをえない（破78条1項12号）。この財団放棄は，一般に，実体法上の所有権の絶対的な放棄ではなく，破産手続との関係で特定の財産を破産管財人の管理処分権の対象外とする（結果として破産者の自由財産になる）相対的な放棄と解されている。

(2) 動産（大型電動鋸ほか家具製造機械，4トン積みトラック，若干の製品と多量の材木）について

動産は隠匿や処分が容易な場合も多く，破産者や一部債権者による事実上の持ち去りを防止するため，破産管財人は確実に占有を取得・確保する必要がある。実務上は，工場，店舗，倉庫などを施錠した上で，破産管財人名義で，財産の持去りなどを禁ずる旨の告知書を掲示し，封印執行に代えることが多い。その換価については，設備関係は中古機械類取扱い業者，原材料在庫の関係は従前の仕入れ先，製品在庫の関係は従前の得意先などに打診することになるが，無償でも引き取り手がないような場合には，廃棄物処理法違反などの問題を起こさないよう，破産財団から費用を支出して廃棄処分すべき場合もある。なお，自動車については，登録がされている点では先の不動産に準ずる面があるが，無断で運転されて人身事故が起きた場合に，破産管財人が運行供用者責任（自動車損害賠償保障法3条）を問われるおそれがあるため，まず確実に鍵を預かることが重要である。

(3) 現預金・有価証券・売掛金債権などについて

破産管財人は，就任後ただちに，破産者から現金，預金通帳，有価証券，印鑑，手形帳，キャッシュカード，クレジットカード，各種会員権証書などの引渡しを受ける。破産財団に属する金銭および有価証券については，破産管財人は保管方法を定めて裁判所に届け出なければならない（破規51条1項）。この金銭の保管方法としては，通常，破産管財人名義で開設される銀行預金口座が指定される。有価証券の保管方法としては，破産管財人自身が

占有管理する。その後，破産者名義の銀行預金口座は順次解約し（多くの場合，すでに残高がないか，預金と借入金が相殺されるため，回収は見込めない），クレジットカード類は発行会社に返却するなどして処理する。市場で売却できる有価証券や会員券などは，それによる。売掛金債権などについては，さしあたり相手方に対し，破産者に対する弁済禁止が記載された破産手続開始の通知書が送付される建前であるが（破32条1項4号，3項2号），漏れも考えられるため，あらためて調査の上，債権回収のための請求，督促，訴えの提起，和解，あるいは債権売却などを進めることになる。

　［参考文献］　管財手引103〜107頁，伊藤482〜489頁，概説377〜380頁，概論308〜311頁．

ADVANCE問題の解説

▶▶【第2問】

1　出題の趣旨

　この設問は，破産管財人の地位，とりわけ実体法上の第三者保護規定における「第三者」への該当性について，問うものである。

2　基本事項の確認

　甲地について，真実の所有者はEであるが，その登記名義はEとFの共有から，A社の単独所有へとうつされた。その背景には，苦しい経営状況にあったA社の信用力を外形的に補強する目的があり，現実には売買の合意や代金の支払いなどの実体がなく，しかも，そのことをEも了解していた。その後，A社について破産手続開始決定がされたが，Eは，甲土地の所有権は現在でも自分に帰属するとして，その取戻権（破78条）を主張しているものと考えられる。これに対し，破産管財人としては，EおよびF名義からA社名義への甲土地所有権の移転は，EとA社（Bが代表して行為）が通謀し，A社

の信用力を仮装する目的で真実の所有権の所在を反映しない虚偽の外観を作出したのであり，善意の第三者に対抗することはできない旨を主張して，Eによる甲土地の返還請求を拒むことが考えられる（民94条2項）。この場合，破産管財人が「善意の第三者」に該当するかが問題となる。

　まず，「第三者」とは，虚偽表示に基づいて，新たに当事者から独立した法律上の利害関係を有するに至った者とされており，虚偽表示の目的物を差押えた債権者は「第三者」に該当すると解されている。破産管財人は，総破産債権者の利益を代表して破産者の財産の管理処分権を取得する者であり，差押債権者と同視することができるから，これに該当するものと解される。

　次に，「善意」か否かは何を基準に認定すべきかが問題となる。この点，破産管財人を基準とする説もあるが，破産管財人に誰が選任されるかという偶然の事情によって，破産債権者の利益が左右されることは相当ではないので，破産財団に対し，実質的な利害関係を有する破産債権者を基準とし，その中に1人でも善意者がいれば，「善意」に該当すると解すべきである。

3　検討のポイント

　上記を前提にこの設問をみると，A社の取引先である一般債権者は，甲土地の所有権登記が実体を欠くものであることにつき善意であり，無担保資産の存在を誤信して取引を継続していたとみられる。そうであるとすれば，破産管財人Xは「善意の第三者」に該当し，Eによる甲土地の返還請求を拒絶することができる。

　　［参考文献・参考判例］　伊藤247～255頁，概説200～204頁，最判昭和48年6月28日民集27巻6号724頁，判時708号33頁．

【コラム5】 清算型と再生（再建）型の各手続の異同

　法的整理の手続には，債務者の清算を目的とするものと，再生（再建）を目的とするものとがある。万人を対象とする制度として，それぞれ破産と民事再生とがあり，さらに特別清算と会社更生が，株式会社のみ利用できる制度とされている。

　ここで細かな違いには目を伏せつつ，法的整理の手続の流れを眺めておくと，①まず，債務者または債権者が裁判所に対して手続開始の申立てを行い，②支払不能など法定の要件が備わるものと認められると，裁判所が手続開始の決定を下し，③債権者は，債権届出という一律の方式により権利行使（手続参加）することとなる。一方で，④債務者（管財人）は，法的整理のやむなきに至った経緯や開始決定時における財産の状況を調査し（調査報告・財産評定），⑤法律関係を整序して，財産を金銭配当（割合的弁済）の可能な姿とし，⑥権利の優先劣後の順序にしたがって，弁済ないし配当を実施することになる。

　つまり，すべての債権者の求めに応じられない状況の下で，いったん押し寄せる請求を棚上げして時間を確保したうえで，債務者の「現在」を自省し，「過去」を省察し，もって，債権者の求めにどこまで応えられるか，「将来」を決するわけである。ただし，これが破産の場合には，将来といってみても，結局，管財人の才覚と責務に任せて，残された財産を換価して分配することに尽きるのであって，机上の評定額どおりに財産を売却できるものではないし，配当計画案を作成して債権者が決議する，といったプロセスも予定されていない。

　ところが，民事再生の場合には，申立てをしたその日も事業活動を継続するわけで，それは，迷惑をかけた取引先関係者に対して引き続きお付き合いを願うということでもある。それゆえ，すみやかに説明会を開催するなどして，窮状や実情を知ってもらう必要がある。また，債務者の財産の「現在」とは，処分の対象ではなく収益力の源泉であり，債務者の経営の「過去」とは，改善されるべき課題を意味するものである。そのため，帳簿の洗い直しや事業に関する調査というものは，合理的かつ遂行可能な「将来」計画の基盤となるものであるし，さらに，そのようにして立案された再生計画案については，それまで権利行使を制約されてきた債権者の法定多数から同意を得られなければ成立せず，裁判所の認可がなければ発効しないことになる。それまでの間に，関係者に見限られ，あるいは資金繰りが続かないこととなれば，その行き先は再生から破産への変更である。

　法律の条文上は，多くの箇所で破産法が民事再生法に準用されているが，制度の運用という視点からは，解剖と手術の違いを深く理解しておかねばならない。

第11講
再生手続開始前の保全処分

【事案の概要】

　医療法人社団A会（以下，「A会」という）は，昭和53年に設立されて以来，地方中核都市でA総合病院（以下，「A病院」という）を運営している。A病院は，地域医療を担う役割を十分に果たしていたが，近年の国による医療費抑制政策のため，運営状況はあまり良くない状態であった。かねてよりA病院では，近隣の大学病院の医局から，複数名の若手医師につき，一定の任期での交替を前提とする継続的な派遣を受けてきた。ところが，平成16年度に導入された新臨床研修制度の影響で大学医局の人手が足りなくなった影響で，以後，新規の派遣を受けることは難しくなった。そのため，医師数の減ったA病院において，残る勤務医らが分担する業務量が増すこととなり，その激務に耐えかねた医師らが次々と退職する事態となった。結局，平成20年9月までに小児科や産婦人科など4つの診療科を閉鎖せざるを得ないこととなり，総合病院としての機能を果たせない状況になった。その結果，外来者や入院患者の数の減少により医業収入も激減し，平成21年2月頃には，A会の運営は早晩破綻することが予測されるまでに至った。

　こうした窮境を踏まえ，A会は，顧問弁護士，自治体の担当者などとの間で協議を重ね，地域医療の担い手としての役割を再び十分に果たせるようになるためには，民事再生により抜本的な再生に取り組むことが最善との判断に至り，A会の社員らも新たな経営主体が現れた場合には任意に退社に応ずる旨を約した。そこで，平成21年4月5日，A会につき民事再生手続開始の申立てを行い，同日，弁済禁止を含む保全処分および監督命令が発令され，同月15日，再生手続の開始決定がされた。

設問：BASIC

▶【第1問】

　A会は，平成20年6月頃，ノンバンクであるB社（以下，「B社」という）に対して融資の申込みをした。B社は，何らかの担保が必要であるとし，A会が国民健康保険団体連合会に対して有している診療報酬債権について，集合債権譲渡担保を設定することを提案した。A会はこれを了承し，同年7月1日，B社との間で，融資額9,000万円，期間1年，毎月末日限り分割弁済金を支払うなどの条件を定めて金銭消費貸借契約を締結し，同日，A会が国民健康保険団体連合会に対して有している平成20年7月分から平成21年6月分までの診療報酬債権（前年度実績では月額平均6,000万円程度）について譲渡担保設定契約を締結し，その登記を経由し（動産債権譲渡特4条），所定の融資が実行された。

　ところが，経営状態の悪化したA会は，平成21年1月分以降，約定の分割弁済金の支払いができなくなった（それ以前にも数日の延滞は何度かあった）。そこでB社は，平成21年3月25日に，2月分の診療報酬債権（4月24日入金予定）に対する譲渡担保の実行に着手し，第三債務者である国民健康保険団体連合会に，先の債権譲渡の登記事項証明書を交付して債権譲渡の通知を発送し，同通知は同月27日に到達した。これに対し，民事再生の申立てをしたA会は，同年4月6日，担保権実行手続の中止命令の申立てを行った。裁判所は，同月10日，その中止命令を発令した。

　この場合，不服のあるB社としては，どのような理由で，またどのような方法で不服申立てを行うことが考えられるか。その不服申立てに対する裁判所の判断の見通しを含め検討しなさい。

設問：ADVANCE

▶▶【第2問】

　A病院に勤務する医師数名に対して，再生手続開始前の給与の一部が未払いであった。この医師らは，その未払給与がすみやかに支払われない場合には，いつまでも勤務を継続することはできない旨をA病院に通告した。A病院としては，かかる医師らの意向を受け入れざるをえないのかについて検討しなさい。なお，その未払給与総額は700万円程度であり，これを直ちに支払うことでA病院の経営継続が不可能となるわけではないが，当座の負担になることは明らかである。

BASIC問題の解説

▶【第1問】

1　出題の趣旨

　この設問は，担保権の実行手続の中止命令の制度を非典型担保である集合債権譲渡担保に対して適用できるかなどについて問うものである。

2　基本事項の確認

　民事再生手続において，再生債務者の財産を目的とする担保権は別除権として扱われ（民再53条1項），再生手続によらないで行使することができる（同2項）。再生債務者としては，担保権の実行が再生手続の目的（民再1条参照）を実現するための支障となるような場合には，別除権者との間で，別除権および別除権付再生債権の取扱い（再生債務者が担保目的物の評価額に相当する金額を分割弁済することや，その間，担保権者は担保権を行使しないことなど）について，いわゆる別除権協定を締結すべきことになり，それが困難な場合には，担保権消滅許可の制度（民再148条1項）の利用を検討すべきことになるが，

いずれにせよ，ある程度の時間を要することになる。そこで，それまでの間，（もし担保権者が現に実行手続に着手したとして）担保権の実行手続が進行するのを一時的に中止することで，担保権者との間で交渉する機会を確保する手段として，担保権の実行手続の中止命令の制度が設けられている（民再31条1項）。

　実体法上，担保権者には換価権の行使時期を選択する自由が認められており，その実行を中止する際には，その必要性と許容性について検討する必要がある。まず，①前者については，「再生債務者一般の利益に適合する」か否か，すなわち，中止命令の発令（担保権実行の中止）により，担保目的である財産が再生債務者の手元に置かれることで，直接・間接に再生のために活用され，再生債務者の財産全体（つまり有機的一体としての事業）の価値が維持・増殖され，（ゆくゆくは別除権協定などを経ることで）結果として再生債権者により多くの弁済をもたらすことになるのか，といった問題がある。また，②後者については，「競売申立人に不当な損害を及ぼすおそれがない」か否か，すなわち，中止命令により担保権の実行時期が想定よりも遅れることで，担保権者に不当な損害が及びはしないか，が問題となる。より具体的には，担保権の実行が中止されている間に，担保権者自身が経済的苦境に陥り破綻するおそれがある場合や，担保目的財産の価値が減少し担保権実行による回収額が大幅に減少するおそれがあるような場合などである。

3　検討のポイント

　まず，担保権の実行手続の中止命令の制度が非典型担保である集合債権譲渡担保に適用されるか否かについて検討する必要がある。譲渡担保は，債権担保の目的で，担保目的とされる債権を担保権設定者から債権者に移転し，被担保債権が弁済されない場合には，その債権者が，担保設定者に対する清算（担保目的物の価額が被担保債権額を上回る場合に差額を支払う処理）と引換えに，その担保目的財産を自らに帰属させ，または他に処分して，被担保債権に充当するという法形式を採用する担保手段である。特定の発生原因に基づ

いて将来生じる一定範囲の債権も，譲渡担保の目的財産として認められている。譲渡担保は，民事再生法の規定に明記されていないが，別除権として扱われるとするのが通説である。しかし，その実行手続が中止命令の対象となるかについては議論がある。一般論としては，再生のために必要な財産を一定期間確保し，担保権者と間での交渉の機会を確保するという制度趣旨は譲渡担保の場合にも妥当するため，適用ないし類推適用の必要性は認められる。ただし，典型担保については，担保権実行としての競売手続において，執行停止文書の提出によりその実行を中止させる，という法的手段が保障されているのに対し（民執183条1項6号），譲渡担保は，処分清算または帰属清算による簡易な実行方法を採っている。そのため，仮に類推適用を認めるにせよ，実行手続を中止する方法はあるのか，実際に中止させる機会はあるのか，その実効性に対する疑問は指摘されている。この点，担保権の実行手続の中止命令の対象となることを承認し，中止命令の有効性を認めた裁判例もあるが，実務上の取扱いはなお固まっていない。

　一応，集合債権譲渡担保についても担保権の実行手続の中止命令の対象になるとして，次に，中止命令発令の妥当性および即時抗告の適否について検討する必要がある。この設問との関係において要件が満たされているかについては，さらに問題となる。まず，①再生債務者一般の利益への適合性については，医療機関であるA会（病院）にとっては，保険診療の診療報酬請求権は医業収入の根幹をなすものであることから，これを目的財産とする譲渡担保の実行を中止する必要性は認められよう。また，②担保権実行申立人に不当な損害を及ぼさないか否かについては，一応，こうした譲渡担保の権利者は金融機関や商社などである場合が多く，一顧客に対する担保実行の遅れに耐えられる程度の企業体力は有していると考えられるし，目的財産は支払が確実な診療報酬債権であり，実行手続の遅れにより価値が減じる（第三債務者が破綻する）おそれは，基本的には考えられない。加えて，譲渡担保の

目的である債権の取立ては，この設問の事実関係の下では未だ完了していないため，中止命令に実効性がないとはいえないものと考えられる。したがって，いずれの要件も充足され，中止命令の発令は妥当であったと解される。

ところで，担保権の実行手続の中止命令に対する不服申立ての手段としては，担保権者による即時抗告の機会が認められている（民再31条4項）。しかし，この即時抗告には執行停止の効力がないため（同5項），この設問の事実関係のもとでは，おそらく，平成21年4月24日に支払われる予定の診療報酬債権は再生債務者が弁済を受けて消滅することになる。それでもなお即時抗告の利益が認められるかについては，一応，問題となるが，もし抗告審で先の命令が取消しとなれば，再生債務者が支払いを受けた額に相当する不当利得金につき，担保権者は共益債権（民再119条6号）として回収できる可能性があるから，この点は積極に解してよいであろう。

［参考文献・参考判例］　伊藤601～602頁　松下100～101頁　解釈と運用48～50頁　条解民再128～130頁，東京高判平成18年8月30日金判1277号21頁，大阪高判平成21年6月3日金判1321号30頁，金法1886号59頁，最判昭和41年4月28日民集20巻4号900頁，判時453号31頁，最判平成19年2月15日民集61巻1号243頁，判タ1237号140頁．

ADVANCE問題の解説

▶▶【第2問】

1　出題の趣旨

この設問は，民事再生手続における給料債権の取扱いについて問うものである。

2　基本事項の確認

再生債務者に対する給料債権は，一般先取特権がある債権であり（民306条2号，308条），民事再生手続においては一般優先債権として扱われる（民再

122条1項)。一般優先債権は，再生手続によらないで随時弁済される（民再122条2項)。

なお，雇用契約において使用者につき民事再生手続が開始された場合，破産の場合におけるような特則（民631条参照）を欠くことから，双方未履行の双務契約に関する原則に戻り，使用者である再生債務者が解除または履行の選択権を有する（民再49条1項)。しかし，継続的給付を目的とする双務契約に関する特則は労働契約には適用されないから（民再50条3項)，労働者である債権者は，履行が選択された場合もなお，再生手続開始前の賃金の不払いを理由として開始後の就労を拒むことを妨げられない。

3　検討ポイント

この設問では，医師らの給料債権につき，A会は一般優先債権として弁済すべきことになる。A会が雇用契約につき履行を選択しても，医師らは，再生手続開始前の給料の未払いを理由に，開始後の就労を拒むことは可能であるから，A会としては同医師らの意向を受け入れざるを得ない。なお，実務的に，このような場合，分割弁済についても協議せざるを得ない。

［参考文献］　伊藤686頁，一問一答民再17頁，155～156頁。

第12講
担保権消滅許可制度

【事案の概要】

　A株式会社（以下，「A社」という）は，昭和50年に設立され，ある地方中核都市を本拠に近隣各県にまで展開する不動産総合事業者である。昭和50年の設立以来，順調に業容を拡大し，マンション開発や土地付き戸建て分譲，販売した物件などのメンテナンス業務，マンションやオフィスビルの賃貸や管理業務のほか，いわゆるバブル経済期にはゴルフ場やリゾート施設などの開発事業にも巨資を投じて参入していった。しかし，平成4年頃を境として不動産をめぐる市場環境は急変し，A社の業績は急速に悪化し，保有する不動産の価値も大幅に下落しており，その取得に要した借入金の残高が重い負担となっていた。平成10年の秋頃，A社は事態の打開を図るため，メインバンクであるB銀行と意見交換の上，借入先である複数の銀行に対して私的整理の協議を要請した。その計画の骨子は，不採算で含み損も抱えたゴルフ事業およびリゾート事業については，それらを営む各子会社を清算し，A社自身も，採算性の見込めない開発案件からは撤退し，主力事業に経営資源を集中することとし，借入金債務については長期分割弁済への条件変更を求め，別途，地元有力企業から出資を受け入れるなどの内容であった。その後，平成11年3月末までに必要な合意に至り，順次，同月4月から2年間を予定した計画期間における所定の課題を実施し，一応，平成13年3月末までに，A社の新体制を軌道に乗せることができた。

　ところが，平成17年秋頃，いわゆる耐震偽装事件が発覚し，A社が開発中のマンション物件についても耐震構造上の不備が発見された。直ち

に工事中断，再設計（構造計算）や追加的な補強工事の手配，工期・納期の遅れにより生じた購入申込者への対応，想定外の金利負担や追加借入などを行ったが，いまだ脆弱なＡ社の経営に激震が走った。平成18年に入ってもなお，先の事件の余波で建築確認の事務（行政手続）が停滞し，新規の着工が遅れる案件が溜まり，さらにＡ社の経営計画に狂いが生じ，同年の秋頃には資金不足が目立つようになった。Ａ社の取締役は販売代金の早期回収など金策に奔走したが，万策が尽き，このままでは事業の継続は困難と考え，Ｂ銀行から紹介された弁護士とも相談の上，民事再生による事業の再生が最善との意見で一致し，平成19年1月18日，再生手続開始の申立てを行い，同日，Ｘが監督委員に選任され，同月26日，再生手続開始決定がされた。

設問：BASIC

▶【第1問】

　Ａ社は，資金繰りが厳しくなった平成18年9月頃，ノンバンクであるＣ社から資金の借入れをした際，戸建て販売用に所有していた土地（以下，「甲物件」という）および特に用途もなく所有していた土地（以下，「乙物件」という）について，それぞれ抵当権を設定し登記を具備させた。再生手続開始後，Ａ社は，甲物件の販売先および乙物件の取得希望者が相次いで現れたことから，Ｃ社に対し，それぞれ所定の代金（売却にかかる経費は控除）からの弁済と引き換えにする各抵当権の抹消を求めたが，それでは弁済後に残る債務の額が大きすぎるとして強い難色を示された。そこでやむなく，Ａ社は，裁判所に対して，それぞれ担保権消滅許可の申立てを行い，裁判所はこれを許可した。Ｃ社は，そもそも許可がされたこと自体，そしてその価額について強い不満があり，不服申立てをしたいと考えている。この場合に想定されるＣ社によ

る不服申立ての方法，および裁判所がその不服申立てについてどのような判断をすべきか，それぞれ検討しなさい。

設問：ADVANCE

▶▶【第2問】
　A社の再生手続開始直後，A社が管理業務を請け負っているDマンションの管理組合から，平成17年3月1日から5年間の期間で契約したDマンションの管理業務請負契約の今後の取扱いについて問い合わせがあった。Dマンションの管理組合は，その契約期間の満了まではA社に管理業務を継続して欲しいと考え，平成19年2月末日までに回答して欲しいと伝えてきた。ところが，回答期日までにA社からの回答はなかった。A社とDマンション管理組合との契約内容は，A社がDマンションの管理業務すべてを行い，Dマンション管理組合は毎月末に契約で定められた金銭を支払うものであった。この契約は，A社の再生手続でどのように取り扱われることになるのか検討しなさい。

BASIC問題の解説

▶【第1問】
1　出題の趣旨
　この設問は，民事再生手続における担保権消滅許可制度の趣旨，およびその要件と手続について問うものである。
2　基本事項の確認
　再生手続において別除権とされる担保権は，手続開始後もなお任意にその実行をすることができる（民再148条1項）。しかし，そこに何らの制約もな

いとすると，再生債務者の事業の継続に欠くことのできない財産について担保権が実行され，結果として事業の継続が不可能になるおそれがある。とはいえ，その担保権の受戻しをしようとすれば，担保権の不可分性により，その被担保債権の全額を弁済しなければならないし，順位上昇の原則により，後順位担保権者にも同様の対応をしなければならず，再生債務者にとって過大な負担となる上，他の再生債権者との公平にも欠ける。そこで，担保権者に対して目的財産の価額に相当する満足を与えることにより，再生手続開始時に存する担保権を消滅させ，再生債務者の事業の継続に欠くことのできない財産の確保を図ろうとするのが，担保権消滅許可制度である。

この制度目的との関係で重視されるのが，財産の「不可欠性」の要件である（民再148条1項）。一般に，「担保権が実行されて再生債務者が利用できない状態になった場合に事業の継続が不可能となるような代替性のない財産」と解されており，その典型例は，製造業における工場，流通業における配送センター，小売業における店舗などである。

担保権消滅許可決定につき，その不可欠性の認定などに不満のある当事者は，即時抗告をすることができる（同条4項）。これとは別途，価額（再生債務者の申出額）に不満のある担保権者は，価額決定の申立てをすることができる（法149条1項，3項）。

3　検討のポイント

民事再生手続においては，特定物に対する担保権者は別除権者として，再生手続によらずに権利を行使できる（民再53条1項）。担保権者が有する換価（時期選択）権と優先弁済（充当）権は再生手続との関係でも保護されるわけであるが，再生手続の目的との関係で（民再1条参照），一定の場合に，担保権の実行手続の中止命令（民再31条）や担保権消滅許可制度（民再148条以下）により制約を受けることにはなる。その制約の必要性や許容性を判断する基準が，前者との関係では，「再生債権者の一般の利益に適合」し「競売申立

人に不当な損害を及ぼすおそれがない」か否か，そして後者との関係では，「財産が再生債務者の事業の継続にとっての欠くことのできないもの」か否か，として規律されている。当然，担保権の実行を一時的に停止する前者より，担保権そのものを終局的に消滅させる後者の方が，厳格な要件となる。

　本設問について，「不可欠性」の要件は充たされるか。従来の考え方をそのまま適用し，再生債務者が事業活動そのものの内容として利用することが不可欠な施設や設備，として限定的に考えれば，甲物件も乙物件も，その売却後は再生債務者の事業活動とは別に他人が利用する（再生債務者が事業譲渡をした相手先において事業活動のために利用されるというわけでもない）ため，本制度の利用は難しそうにも見える。しかし，ビジネスモデル（事業の形態）に着目して，事業の仕組みに即して「不可欠性」を判断すべきとの見解や裁判例もあり，戸建て分譲を事業目的とするA社との関係で，少なくとも甲物件については，本制度の利用を認める余地はある。他方，乙物件については，基本的には本制度の趣旨から外れるであろう。その早期処分により多額の固定資産税の負担を免れない限りAの資金計画が成り立たない，といった特殊な事情がある場合など，微妙なところはあるが，それでもなお，民法上の抵当権消滅請求を活用すべき場面というべきであろう（民379条以下）。

　C社としては，少なくとも乙物件にかかる担保権消滅許可決定との関係では，「不可欠性」を欠くものとして，即時抗告を行うことに意味がありそうであるが，甲物件については，その主張をしても排斥される可能性も考えておくべきことになる。また，それぞれ価額（申出額）に異議があるものとして，価額決定の請求を行うことが考えられるが，手続費用の予納を要すること（民再149条4項），評価人による評価（民再150条1項）には一定の時間を要すること，非訟手続ゆえ当初の価額（申出額）を下回る価額が決定される可能性もあること，その場合には手続費用を負担すべきことになることなど（民再151条1項）に注意を要する。

[参考文献・参考裁判例] 松下101～106頁，一問一答民再190～205頁，東京高決平21年7月7日判時2054号3頁，金判1323号16頁，名古屋高決平16年8月10日判時1884号49頁．

ADVANCE問題の解説

▶▶【第2問】
1 出題の趣旨
　この設問は，再生手続開始後の双方未履行の双務契約につき，主に相手方の立場から，その催告権および確答がない場合の取扱いを問うものである。
2 基本事項の確認
　民事再生法においても破産法と同様，双方未履行の双務契約についての処理方法の定めがあり，再生債務者（または管財人）に履行か解除かの選択権が与えられている（民再49条1項）。このような選択権が与えられた趣旨については，破産における議論がそのままあてはまると考えられる。また，破産の場合も同様だが，このような選択権は，再生債務者側にのみ与えられており，その選択権が長期間行使されないと，相手方の地位は不安定となる。こうした状況から脱するために，相手方には再生債務者側に対する催告権が与えられている（民再49条2項前段）。ただし，相手方からの催告にもかかわらず再生債務者側が確答しなかった場合には，その契約について解除権が放棄されたとみなされる。すなわち履行の選択がされたと同様になる（民再49条2項後段）。破産者の財産関係の清算を目指す破産では，解除が選択されたものとされているので（破53条2項後段），この点に違いがある。
3 検討ポイント
　この設問においては，Dマンションの管理組合は，再生債務者であるA社に催告権を行使し，それに対するA社からの確答はなかったというのであ

るから，解除権は放棄されたとみなされ，この管理業務請負契約は存続することになる。なお，こうした双方未履行の双務契約に関する問題では，最初に手続開始時における履行状況などを整理しておく必要がある。なぜなら，手続開始時に未履行部分が存しなければ，再生法上の該当規定は適用されないからである。

［参考文献］　伊藤677〜679頁，松下115〜124頁，新注釈民再（上）256〜272頁．

【コラム6】 法的整理における担保権者の権利行使

　破産または民事再生の手続開始の時において，破産財団または再生債務者の財産を目的として設定された抵当権などの担保権を有する者は，法的整理の手続との関係では別除権者とされる。別除権は法的整理の手続から別に除かれた権利として，本来の実行方法（抵当権であれば競売）による被担保債権への優先的回収が認められている（一般の先取特権のように債務者の総財産を目的とするものは，法的整理との関係で効力が強すぎるため別の扱い）。ただし，その被担保債権が破産債権または再生債権である場合には，別除権の行使によって弁済を受けることができない債権の額についてのみ，倒産債権者としての権利行使ができるものとされている。そうではあるが，現実の事案において担保権の実行が頻発しているのかといえば，そうでもない。

　まず，破産については，もともと清算を目的とする手続であり，別除権の行使として競売が実行されたとしても，換価が進むという意味では問題はない（売却と配当が済めば不足額も確定する）。しかし実際上は，特に不動産については，管財人が売却先を探すことで競売より有利な条件での換価を実現し，その代金の一部を破産財団に組み入れる，という任意売却を試みるのが一般的である。多くの場合，担保権者も，売却代金から財団組入金や売却経費を控除した残額の弁済（つまり結果的には一部弁済）と引き換えに，担保権の解除や登記の抹消に応諾するものであるが，その交渉が難航することもありえる。それゆえ，それでもなお管財人として任意売却を貫徹しようとすれば，担保権消滅許可の制度を利用することになる（すでに担保権実行の手続が進められている場合に，これを中止させる制度もあるが，管財人が破産手続開始後に事業譲渡を試みるような特殊な事案を除けば，担保実行を望む担保権者の意向に反してまで中止命令を求めることは稀であろう）。

　次に，民事再生については，経済的な再生を目的とするゆえ，事業の継続に必要な財産（メーカーにとっての主力工場など）について担保権が実行されると，所期の目的を達することが困難となる。そこで，再生債務者としては，担保権者との間で，担保目的の評価額，担保不足額，評価額相当額についての支払条件，当面の担保権実行の留保，最終的な担保解除などを内容とする別除権協定を締結すべく，協議を重ねることになる（必要に応じ，担保権実行手続の中止命令を得ることになる）。しかし，評価額の合意については難航しがちであり，その場合には担保権消滅請求の制度の利用も考慮せざるを得ないが，対価の一括納付が必要となるため，その適応例には限界もある。

第13講
再生手続における継続的供給契約の取扱い

【事案の概要】

　X株式会社（以下，「X社」という）は，昭和41年に設立された精密機械部品の製造業者である。創業者（先代）はすでに死亡し，その長男であるAが昭和58年に代表取締役となり，今日に至っている。X社は，もともと小さな町工場であったが，Aが大学院の機械工学専攻で修得した最新の知見をその後に製造現場に応用できたことから，小規模ながらも最先端の技術を誇り，大手企業各社から新製品の開発に伴う高精度な部品の試作を依頼される機会なども多かった。量産部品の下請け受注もしていたが，納得できないコストダウン要請には応じず，ひたすら品質優良な部品を作り続けることに専念してきたため，新製品の発売時には一手に納入していた部品が低コストの普及品に代替されて次第に取引を絞られていくようなことも一度ならずあった。それでもなおA自身は経営拡大を望まず，新製品の開発競争の現場には関わり続け，X社の事業は順調に推移してきた。

　平成18年夏頃，B株式会社（以下，「B社」という）の担当者が来社し，ある特殊部品をC株式会社（以下，「C社」という）が必要としているがX社で製造できないか，との打診を受けた。このとき，AはC社の名前も知らなかった。もともとX社は，Aの経営方針もあり，受注関係については長年の得意先が順番待ちをしているような常況であったし，新規取引先の開拓には信用調査の手間暇もかかるため及び腰であった。しかし，X社は，創業当初にB社から大いに世話になり，その後も二人三脚で新技術と新製品の開発に取り組むなど，長年の信頼関係があったことから，

B社がC社の信用を保証するということであれば、その製造を引き受けてもよい旨の返答をした。

　その後、関係者が集まり、製造する部品の特殊な仕様（素材・形状・寸法・精度など）、単価、納期と数量、受発注の方法、支払条件などの協議を重ねた末、平成18年12月1日、X社とC社は製造供給に関する契約を締結した。その具体的な内容は、契約期間は平成19年1月1日から平成20年12月末日までの2年間、X社は毎月20日にC社の指定場所に指定数量を納入し、その代金は後払いとし、偶数月の末日限り、前月分と当月分をC社がX社指定の銀行口座に送金して支払う、などとされていた。さらに、同契約の際、C社がX社に対して支払うべき代金債務について、B社が連帯保証をした。

　X社は、順調に納品を開始したが、平成19年8月頃、B社から、C社の大口取引先が倒産したようなので念のため注意をするように、との連絡があった。そこでC社の動向を注視してきたが、特に異常を察知することもなかった。ところが、平成20年2月1日、C社が民事再生手続開始の申立てをした旨のファックスが届き、実際、同年2月8日、同社は再生手続開始決定を受けた。

設問：BASIC

▶【第1問】

　C社が民事再生の申立てをした直後、その担当者からX社に対し、御社との契約関係はこれまでどおり継続したいので是非お願いしたい、との連絡があった。Aとしては、この取引はB社の紹介と信用ゆえに開始したものであり、正直、再生会社との取引は打ち切りたいと思った。しかし思案を重ねる間に時が過ぎ、C社の再生手続は開始され、契約継続について重ねて懇請された。この場合、X社はC社との契約関係を解約することは可能か検討しなさい。

▶▶【第2問】
　平成20年1月納入分の指定数量に相当する対価の支払期限は同年2月末であり，まだ支払いを受けていないが，Aとしては，もしその支払いを受けられないならば，同年2月の指定数量分の納入は留保したいと思った。この場合，X社は全額の支払いを受けられるか。もしそれが難しいとすれば今後の納入を停止できるか。契約条件によって何か違いはあるのかも含め検討しなさい。

設問：ADVANCE

▶▶▶【第3問】
　C社の再生手続開始後，平成20年1月納入分の代金について連帯保証人であるB社に請求することは可能か検討しなさい。

BASIC問題の解説

▶【第1問】
1　出題の趣旨
　この設問は，再生債務者を一方当事者とする継続的供給契約が手続開始時に存在する場合，その再生手続との関係でどのように取り扱われるかについて問うものである。
2　基本事項の確認
　一般に継続的供給契約とは，一方の当事者が一定期間にわたって反復継続して一定の種類の物の供給（役務の提供）を行い，これに対して他方の当事者が一定の代金を支払う旨を約する契約のことをいう。それゆえ，その一方の当事者（供給者でも受給者でも）について再生手続が開始された場合には，

通常，再生債務者側にも相手方にも未履行の債務が残存することになる。したがって，再生債務者（または管財人）には契約の履行か解除の選択の機会が与えられることになる（民再49条1項）。

双方未履行の双務契約については再生債務者側にのみ解除権が与えられるが，これとは別途，再生手続開始の前にすでに債務不履行などにより法定または約定の解除権が発生している場合には，相手方はこれを行使することができる。再生手続開始の後，再生債務者側が契約履行を選択した上で債務を不履行したような場合も同様である。

3　検討ポイント

X社とC社間で締結されていた契約は，C社について再生手続開始された時点で，少なくとも平成20年2月20日の部品納入の義務と同月末日の代金支払い義務は履行前であり，双方未履行の双務契約に関する規律が適用される。この設問では，C社が（担当者が使者などとして）契約の継続を申入れしており，これは法的には履行の選択と解釈できる。そうすると，X社が，別途，解除権を行使できる状況にない限り，再生債務者であるC社の選択に従わざるを得ないことになる。

　　［参考文献］　伊藤678〜680頁，条解民再209〜214頁，新注釈民再（上）256〜272頁．

▶▶【第2問】

1　出題の趣旨

この設問は，「継続的給付を目的とする契約」に関する再生手続上の特則について，その適用の要件や効果を問うものである。

2　基本事項の確認

いわゆる継続的供給契約について，一般に双方未履行の双務契約に関する民事再生法上の規律が妥当するとして（小問1解説参照），その上で，再生債務者が受給者の側である場合，再生手続開始前の代金の支払いがないことを

理由に，相手方である供給者が，再生手続開始後の物の供給（役務の提供）を拒否できるかどうかについて，かつて議論があった。仮に拒否できるとすれば，再生債務者が事業の継続に必要な給付を受けられないことで再生が阻害されるおそれがある一方，拒否できないとした場合に何らの手当てもないとすれば，相手方が有していたはずの同時履行の抗弁権（またはこれに準じた履行拒絶権）の趣旨が没却されることにもなる。この点，現行法では一定の範囲で立法的な解決がされている。

　すなわち，再生債務者に対して継続的給付の義務を負う双務契約の相手方は，①手続開始「申立て」前の給付に対する代金の支払いがないことを理由として，その「開始」後の給付を拒むことはできないが，②「申立て」から「開始」までの間の給付に対する代金債権は共益債権とされ，しかも，③一定期間ごとに代金額を算定すべき場合には「申立て」の日の属する期間における給付に対する代金債権もまた共益債権に含まれるものとされ，これにより少なくとも手続「開始」後の再生債務者は必要な給付を確保しやすくなったといえる（民再50条1項，2項）。もっとも，④再生債務者が履行を選択しても，「申立て」前の給付に対する代金債権は基本的には（③の例外を除き）再生債権とされ，その不履行を理由として「開始」前に（①後段参照）相手方が給付を拒絶するなどした場合にどうなるか，といった課題は残る。

3　検討のポイント

　まず，X社とC社の契約関係は，「継続的給付を目的とする契約」に関する特則の適用対象となるのか，その趣旨に立ち返って考える必要がある。継続的な取引関係であっても，受給者側から，その都度，仕様や数量を指定するような契約内容であれば，供給者側における給付義務の内容も，その都度，明らかになるにすぎず，むしろ注文ごとに契約が成立しているとみるべきである。他方，供給者側の反復継続的な給付義務の内容が契約に定められ，受給者に対して先履行義務を負い，しかし前期の代金の支払いを得るまで当期

の給付を拒絶できる関係が明らかであれば，民再50条により利害の調整が図られるべきものと考えられる。この設問の事実関係からは明らかでないが，契約条件としてX社の反復継続的な給付義務（当期の先履行の義務と次期における履行拒絶権）が定められている場合に限り，この特則の適用対象になる。

次に，民再50条の適用対象になるとして，この設問では，X社がC社の懇請に応えて2月の指定数量分を納入すれば，その数量に相当する対価は「申立て」の日を含む期間に対応するものとして，「開始」前，さらには「申立て」前の部分も含めて共益債権とされてよいであろう。問題は，すでに「申立て」前に納入を完了している1月の指定数量分に相当する対価についてである。代金の支払いが毎月末であれば，それが再生債権となることに疑義はないとしても，この設問では2ヶ月分まとめて支払いがされる約定であり，現場の便宜でもって2ヶ月毎の指定数量が毎月分割で納入されている可能性もある。また，問題の1月と2月を一つの計算期間と見れば，それは「申立て」の日を含むことになり，その2ヶ月分の代金債権が一緒に共益債権になるとの解釈も成り立ち得るからである。ただ，他の一般の再生債権者との衡平をも視野に入れ，代金2ヶ月分がまとめて支払われるのは単に事務上の便宜のためにすぎないとすれば，やはり代金の計算期間は納品回数に応じて1ヶ月ごとと解すべきことになると思われる。

　［参考文献］　条解民再214～216頁，新注釈民再（上）273～278頁．

ADVANCE問題の解説

▶▶▶【第3問】

1　出題の趣旨

　この設問は，主たる債務者にかかる再生手続の開始が連帯保証人に対して及ぼす影響について問うものである。

2 基本事項の確認

　主たる債務者にかかる再生手続の開始決定により，保証人の求償権による再生手続参加が問題となる。全部義務者である主たる債務者に対する権利行使については，主たる債権者と保証人の間では，開始時現存額主義の規律が妥当することになる（民再86条2項が準用する破104条参照）。

　ただ，再生債権については破産債権とは異なり法律上の現在化（破103条3項）や金銭化（同条2項1号イ）の規定がないため，再生手続の開始により，ただちに主たる債務の弁済期が到来することはなく，保証人も残債務につき保証履行すべきことにはならない（特約により期限の利益を喪失する場合は別。また，催告・検索の抗弁権のない連帯保証では，請求だけは受ける。民452条，453条）。もっとも，弁済禁止の効果により債務者が約定日に弁済金（分割金）を支払えなかった場合には，その禁止措置に期限の利益を付与する効果はないから，保証人との関係では，主たる債務の履行が遅滞したこととなり，（その分割金の限りでは）保証債務の履行を求められることになる（なお，再生計画の効力との関係につき，民再177条2項参照）。

3 検討ポイント

　この設問では，X社とC社が期限の利益喪失につき特約をしているか明らかではない。もし特約により期限の利益が喪失すれば，その時点での未払代金債務については，B社がただちに保証履行の責めを負うべきことになる。そうした特約がなければ，C社につき再生手続が開始されても，当然には期限が到来しないが，弁済禁止の措置により本来の弁済期に弁済がされなければ，その後は保証債務履行の責めを負うことになる（第2問との関係で，平成20年1月納入分の代金債務をめぐり，同年2月末日の経過後，問題が具体化する）。

　［参考文献］　条解民再367〜378頁，826〜830頁，新注釈民再（上）456〜464頁，（下）118〜122頁。

第14講
再生計画の認可・確定

【事案の概要】

　A社は、金属のプレス加工に用いる金型、金属製の精密加工品などの製造を主な事業とし、代表取締役Bの亡父が昭和32年に設立した株式会社である。昭和60年頃の従業員は100名ほど、年商は10億円程度であったが、当時、Bの子である専務取締役Cを中心として、事業の多角化が企画され、B自身は本業以外への拡張に消極的であったが、中堅幹部らの意見に押し切られる形で、なしくずし的に、プラスチック射出成形に用いる金型、プラスチック製の精密加工品、金属やプラスチックの精密加工に用いる工作機械などの製造にも進出した。国内製造業の躍進に乗じて、最盛期には年商20億、300人近くの従業員を抱えるまでになった。本業の順調さも手伝って、多角化による初期投資などの負担も、十分にまかなえる状況であった。

　しかし、その後、景気の悪化と停滞、製造業の海外移転など、経営環境の激変により、多角化した事業部門、とりわけプラスチック関連での不振が著しく、生産工程の見直し、賃金の圧縮、新規雇用の抑制、一部事業分野からの撤退と人員の配置転換などを試みてきたが、Bの心情として、大胆な人員削減に手を下すことはできなかった。そして、平成15年春頃には、本業こそ何とか黒字を計上できる体質であったもの、全社的な赤字体質からの脱却は難しく、借入金の総額は自力で償還できない規模にまでふくらんでしまっていた。

　こうした状況に危機感を抱いたBは、何とか穏便に本業に回帰できないものかと悩み抜き、メインバンクであるD銀行とも相談の上、大規模

なリストラの実施や債権放棄による損失の処理などを旨とする私的整理案を作成し，大口債権者に賛同を求めた。その債権者の顔ぶれと各債権額は，D銀行の6億円を筆頭に，準メインバンクのE1銀行が3億円，これにE2銀行が2億円，E3銀行が1億円と続き，その他，金属仕材の主力仕入れ先である商社のF社が2億円，その商社系のノンバンクG社が1億円の残高を有していた（その他，小口の商取引先は50社を超えたが，その債権額は合計しても1億円程度であり，大口債権者らとの協議は秘密裏に進めていた）。A社およびD銀行から提案を受けたE1～E3の各行は，各自の放棄額の大小については互いに牽制していたが，債権放棄なくしてA社の事業再生は困難という点には理解を示していた。他方，F社，G社は，Cに対して事業の多角化を提案し支援してきた企業であり，今もってA社は自力で再建すべきであるし，もし債権放棄が必要であるというならば，それが必要だという銀行だけで損失を分担すべき，との立場を譲らなかった。

　結局，任意の協議で合意に至る見込みが立たず，毎月の支払いも厳しくなってきたA社は，D銀行に民事再生による再建に取り組みたい旨を事前に説明した上で，平成16年2月12日，再生手続開始の申立てを行った。裁判所は，同日，監督委員としてXを選任し，同月22日，再生手続の開始決定をした。

設問：BASIC

▶【第1問】
　A社に対する債権放棄を検討するにあたり，DおよびE1～E3の各行は，A社の事業の多角化を積極的に後押ししたF社およびG社は，少なくとも銀行債権者より優遇される理由はなく，むしろ一定程度の劣後的な取扱いを甘受してしかるべき，という意向であった（それが任意の協議を決裂させる要因と

もなった)。そこでA社は，こうした意向を汲んで，再生計画案を作成することとし，甲乙2種類の草案を検討した。

甲案では，権利変更の一般的基準として，一般の再生債権者については，再生債権額の88％に相当する額につき免除を受けるが，D銀行，F社，G社については，その94％に相当する額まで免除を受けるものとした。

乙案では，権利変更の一般的基準として，再生債権額のうち2億円未満の部分については88％に相当する額につき免除を受けるが，その2億円以上の部分については94％に相当する額まで免除を受けるものとした。

いずれの案でも，債務免除を受けた後の残債権については5年間の分割弁済とされ，A社の弁済総額はほぼ同一であった。そして，A社が事前に大口債権者らに打診をしたところ，DおよびE1～E3の各行は，甲案が望ましいが乙案にも違和感はない旨の反応であったが，F社およびG社は，甲乙いずれの案にも難色を示し，決議に付されれば反対票を投じる旨を明言し，それらの意向は裁判所にも伝えられた。

裁判所は，A社から甲案の再生計画案が提出された場合，これを再生債権者による決議に付する旨を決定してよいか，A社から提出されたのが乙案であった場合と比較しながら，検討しなさい。

設問：ADVANCE

▶▶【第2問】

A社は，(第1問の)乙案の内容を基礎とする再生計画案を提出し，法定多数により可決され，裁判所の認可決定を受けた。計画1年度は予定どおりに弁済を実施できたが，同2年度は，得意先の業績悪化により金型受注の計画に狂いが生じたことや，原材料価格などの高騰によりコストがかさみ，弁済原資を十分に確保できないおそれが生じた。かろうじて予定どおりに弁済を

実施したとしても，現在の業績や財産の状況に照らし，同3年度から先の弁済に支障をきたすことは明らかであった。こうした場合，A社としては，どのような対応をとるのが望ましいかについて検討しなさい。

BASIC問題の解説

▶【第1問】
1 出題の趣旨
　この設問は，再生計画（案）の認可要件について（その付議決定の審理という場面を想定しつつ）問うものである。

2 基本事項の確認
　再生債権者による決議に付された再生計画案が法定の可決要件（民再172条の3第1項）を満たして可決された後，その再生計画案は再生計画として裁判所の審査に付される。裁判所は，可決された再生計画について一定の不認可事由（民再174条2項各号）が認められる場合を除き，再生計画認可決定をすることになっている（同条1項）。そして，あらかじめ一定の不認可事由のいずれかが認められる場合には，そもそも決議に付することができないものとされている（民再169条1項2号）。民事再生手続における裁判所の役割は，基本的には，当事者間の私的自治に対する後見的な審査や監督にとどまり，法定多数の債権者の意向は可能な限り尊重されるべきである。しかし，少数債権者の利益や債権者全体の利益が害されるおそれがある一定の場合には，むしろ裁判所が判断を示すべきことになる。不認可事由に関する事前および事後の審理は，この趣旨による。

　具体的な認可・不認可の要件は，手続の適法性および再生計画内容の適法性（民再174条2項1号），遂行可能性の存在（同項2号），決議における不正（同項3号），再生債権者全体の利益との抵触（同項4号）である。決議における

不正を除き，付議の要件でもある。

3 検討のポイント

この設問では，再生計画案（甲乙両案それぞれ）において，各再生債権者の間で相対的に有利または不利な取扱いが定められている。こうした場合，形式的な平等に反する以上は一律に許されないのか，それとも実質的に一定の幅が認められるものなのか，仮に，その一定の幅を超えてもなお許されるための手立てはないかなど，多角的に検討する必要がある。

再生計画による権利変更の内容は，再生債権者の間で平等でなければならないが（民再155条1項），この間に差を設けても衡平を害しない場合は，この限りでないとされる（同項但書，同条2項および4項）。前者が形式的平等といわれるのに対し，後者は実質的平等といわれている。そして，たとえ実質的平等に反しても，不利益を受ける者の同意がある場合には（たとえば，会社の代表者が会社に対する債権を全部放棄するなど），私的自治の考え方からして，その意思を排除する理由はなく（同条1項但書），結局，法の定める平等原則は，多数決原理の濫用から少数者を保護するために機能することになる。

実際上，平等性を実質的に考えることは簡単ではない。債務免除率は目に留まりやすいが，その後の弁済条件（一括か分割か，その期間の長短など）も含めて考えると，一概にはいえないことがわかる。法的な手掛かりとしては，いわゆる少額債権の弁済許可の制度がある（民再85条5項）。すなわち，再生手続の円滑な進行を図り，または事業継続への著しい支障を避けるべき場合には，少額の再生債権者に対し，再生手続前における100％弁済が許容されており，その趣旨を応用または援用して，少額の再生債権や再生債権の少額部分について，再生計画案に相対的に有利な定めを置くことは，実際上よく見られるところである。この意味で，2億円という金額を境目にして取扱いに差を設ける乙案については，基本的には平等原則に違反しないものと考えられる。しかし他方，特定の再生債権者を狙い撃ちにして，その者の同意な

く不利な定めを置くとなると、まさに多数決で少数者の利益を害することになりかねず、問題は大きい（財産権の侵害への度合いが強まるという点で、特定の再生債権者に有利な弁済を認めるより、さらにハードルが高い）。甲案は、A社の倒産に何か責任がありそうだという理由だけで、F社およびG社の同意なくそれらの者の再生債権を劣後的に取り扱おうとするものであり、基本的には平等原則に違反するものと考えられる。

[参考文献]　松下147～149頁、条解民再807～816頁、新注釈民再（下）109～113頁。

ADVANCE問題の解説

▶▶【第2問】
1　出題の趣旨
この設問は、再生計画認可後における再生計画の変更について問うものである。
2　基本事項の確認
経済状況の変化や事業計画の見込み違いなどから、再生計画の遂行の途上において、その履行が困難となる場合がある。そうした場合、再生手続を廃止した上で最初から手続をやり直すという方法も考えられるが、それまでの手続を活かしながら弁済計画を部分的に修正して遂行する方法が可能であるならば、再生債権者および再生債務者の双方にとって合理的であるし、再生計画の遂行の過程における新たな利害関係者（新たな取引先や従業員など）にも無用な迷惑を及ぼさずに済む。そこで、再生計画の認可決定後であっても、やむを得ない事由により再生計画に定めた事項を変更する必要が生じた場合には、再生手続の終了前であれば、再生計画を履行可能な内容に変更するための手続が用意されており、これにより再生手続を活かせることになる（民再187条1項）。

なお，再生手続の終了時期については，管理命令が発令されている場合，監督命令が発令されている場合，またはいずれの発令もない場合により，それぞれ異なっている（民再188条参照）。最も典型的な監督命令が発令されている場合について確認しておくと，再生計画認可決定の確定から3年が経過したとき，または再生計画が遂行されたとき，裁判所の手続終結決定により終了する（民再188条2項）。

3　検討のポイント

　再生計画の遂行が困難な状況となったA社としては，その遂行を諦めて破産の道を選ぶか，再生計画の変更を検討することになる。後者は再生手続の終了前でなければならないが，本事案では監督委員Xが選任されているので，計画2年度のA社について再生手続は終了していない（民再188条2項参照）。A社が再生計画を変更するための具体的な手順は，ごく単純化すれば，まず変更後の再生計画を立案し，法定多数の債権者から同意を得ることであるが，この場合，当初の計画に賛成していた者は変更後の計画案につき議決権を行使しなくても同意したものとみなされるため，互いにとって簡便である（民再187条2項）。

　　［参考文献］　概説447～448頁，一問一答民再248頁，解釈と運用213～218頁．

【コラム7】 民事再生と清算価値保障原則

　再生債権者は，再生手続が開始されると，法律上，個別的な権利行使を禁止される。たとえば，裁判外の請求，訴えの提起，強制執行などができなくなる。それらが法的に封じられた中で，なお再生債権となる実体権の内容を実現しようと思えば，再生債権の届出という方法で手続に参加し，しかも，法定多数決による権利の変更（内容の縮減）という現実を甘受せざるを得ない上，当面，再生手続の推移を見守るほかないという立場に身を置かざるを得ないこととなる。

　そうした再生債権者の心情を汲むならば，しばし手続を見守るからには，せめて破産配当（の試算）よりも有利な条件での弁済を実現して欲しい，かつ，この最低限の条件すら多数決で奪われるようでは困る，と思うことであろう。清算価値保障原則とは，こうした要請に応えるための原理であり，法解釈上は「債権者の一般の利益」に反するか否かという問題であり，具体的には，想定破産配当率を下回る弁済条件を定める再生計画案が提出された場合，これを決議に付してよいのか，あるいは，法定多数で可決された場合，これを認可してよいのか，といった場面が想起されるものである。

　ところで，想定破産配当率は，基本的には財産評定の結果による。事業者である再生債務者については，評定の対象となる財産の状況は貸借対照表に表されており，ごく大雑把にいえば，その図表の右側には，「どのように資金を調達してきたか（延べ払いにしてもらっているか）」＝返さなければならないか，そしてその左側には，「調達した資金をどのように運用してきたか」＝銀行に預けてあれば預金，仕入れをすれば商品，それを販売すれば売掛金，本社を所有していれば土地・建物，子会社を作れば出資金などが計上されているはずである。ただし，これらは事業を継続する前提での整理であるし，見栄えをよくしている（粉飾されている）こともあるから，破産的清算を想定すれば，預金は借入金と相殺，売掛金には不良債権が混在，商品はたたき売り，不動産は借入金の担保，子会社は連鎖倒産，などの惨事となり，ようやく捻出できそうな弁済資金の中から，破産管財費用，退職金や税金を控除していくと，相殺や担保控除後の一般債権に対する配当率はごくわずか（出資への分配はゼロ），というのが実情である。

　事業の再生とは，こうした債務者財産の解体を避けて，これを経営することで弁済原資を稼ぎだし，利害関係人の皆にとって，よりよい成果を上げようとする活動といえる。

第15講
再生手続から破産手続への移行

【事案の概要】

　A株式会社（以下，A社という）は，生鮮食品の加工と販売を主な事業内容とし，地元の中核都市において飲食店や小売店を幅広く得意先としてきたが，昨今のデフレ経済や物流の革新に影響され，次第に中国などからの輸入品に市場を奪われるようになり，業績も徐々に悪化した。そうした状況下，平成17年夏頃，A社の主力製品である生鮮加工品（浅漬け）について食中毒のおそれがあるとの風評が広まり，他の製品も含め消費者から敬遠され，売上げが急落する事態となった。A社の代表取締役Bは，このままでは経営破綻しかねないものの，近時は国産品への需要の回帰もみられ，得意先や消費者の誤解さえ解くことができれば，何とか会社は持ち直すことができるものと考え，金策も含めて必死に努力した。

　しかし，ひとたび悪化した業績や財務を改善するのは容易でなく，結局，知人に紹介された弁護士Lと相談の上，平成18年2月，A社につき民事再生手続開始の申立てを行った。その後，ただちに監督委員として弁護士Mを選任し，同月中旬，再生手続開始決定がされ，同年7月，A社の再生計画案は法定多数の同意を得て可決され，即日，認可決定がされた。その再生計画による権利変更は，確定再生債権額の90％につき免除を受け，残債務に対し，毎年3月末日限り，5回の均等分割弁済を実施するなどの内容であった。同年8月，再生計画の認可決定が確定し，A社の再生計画は履行の段階に入り，実際，平成19年3月に予定された第1回目の弁済は無事に実施された。しかし，同年末頃，A社の加工食品により消費者が食中毒になったとの風評が広まり，実際には虚偽であったもの

の，A社は再び窮地に追い込まれた。Bは，こうした事態が繰り返されるようでは安定した事業継続は不可能であると意気消沈し，あらためてLに相談し，なるべく取引先などに迷惑がかからないような形で事業活動を終結したいとの意向を伝えた。

設問：BASIC

▶【第1問】

　Lは，A社にかかる破産手続開始の申立てを考えたが，まだ再生計画の遂行中であるし，監督委員Mは引き続きその任に就いていた。この破産の申立ては可能かどうかについて検討しなさい。

▶▶【第2問】

　A社は，再生計画による第1回弁済にあたり，ノンバンクC社から400万円の資金を借り入れたが，その返済を行うことなく，破産手続開始決定を受けるに至った。このC社の債権が，破産手続においてどのように位置づけられるかについて検討しなさい。

設問：ADVANCE

▶▶▶【第3問】

　A社は，平成20年2月，再生手続廃止の申立てを行い，その廃止決定の後，ただちに破産手続開始の申立てを行った。裁判所は，その申立ての同日，Mを保全管理人に選任し，先の手続廃止決定の確定を待って，A社につき破産手続を開始する旨を決定し，Mを破産管財人に選任した。

　MがA社の財産状況について調査をしたところ，再生手続の遂行の過程

において500万円相当の不明瞭な経理処理などが発覚した。この点，Bに説明を求めたところ，次のような釈明がされた。

　すなわち，A社は，平成15年頃，D社から業務提携や資本提携の打診を受けるようになっていたが，会社の乗っ取りを警戒して，その都度，その話をはぐらかしてきた。しかし，平成17年の経営危機に直面し，背に腹は代えられず，無担保・無利息・無期限で500万円の借入を受けてしまった。その後，A社は少しも返済することなく，また何の説明もせず民事再生に入ってしまったため，D社は，当初からA社の民事再生には猛反対であり，実際，再生計画案には反対票を投じ，再生計画の認可後もなお，Bに対し「誠意とは何かね」などと申し向けていた。そして平成19年9月頃，Bは「不誠実な者がどのような目に遭うか思い知るとよい」などと告げられるにおよび，つい，D社に対し，先の借入金への返済のつもりで，簿価500万円分に相当する在庫商品を譲渡してしまい，ただ，話のつじつま合わせのため，その代金は回収できないものと認識しつつ，形だけ帳簿に計上した，とのことであった。ただし，D社に引渡した商品の中には消費期限の迫った品や不良在庫も含まれ，その時価評価額は，よくて簿価の4分の1にもならないのではないか，との補足もあった。

　Mがさらに調査を重ねたところ，平成19年末頃に流布した食中毒の風評には，D社が関与している可能性が高いことが窺われたが，そのことを直接に示す証拠を入手するには至らなかった。

　Mが，破産管財人として，D社に引渡されたA社の在庫商品の価値を破産財団に回復しようとする場合，具体的にはどのような方法が考えられるか，その支障となる課題を含め検討しなさい。

BASIC問題の解説

▶【第1問】
1 出題の趣旨
　この設問は，再生手続の終了前における破産申立ての可否について問うものである。

2 基本事項の確認
　わが国の倒産法制では，破産や民事再生など複数の手続が設けられているため，各手続が併存する場合の優劣，ある手続から他の手続に移行する際の円滑について，規定が置かれている。まず原則として，再生手続が開始された場合，その経済活動の継続により獲得される価値は資産の処分解体により回収される価値に優るため，破産手続の申立てはできないものとされる（民再39条1項）。しかし，再生計画の立案が甘い見通しであった場合，再生計画の成立後に予期せぬ事態となった場合など，再生手続が必ず成功裏に終了するとは限らない。再生手続が目的を達成できず廃止に至り，その決定が確定した場合，債務者に破産原因があれば裁判所は職権で破産手続開始決定をすることができるが（民再250条1項），それまでの間に，債務者財産について散逸や毀損のおそれがある。そこで例外的に，再生手続廃止の決定があれば，確定前であっても破産手続開始の申立てができるものとされており（民再249条1項）この場合に裁判所が必要と認めれば，保全管理命令などの保全処分等を命じることができる（民再251条1項1号）

3 検討のポイント
　A社にかかる再生手続は，監督委員Mが選任されており，再生計画認可決定の確定から3年が経過しておらず，まだ終了していない段階にある（民再188条2項）。しかし，再生手続廃止決定があれば，その確定を待たずに，破産手続開始の申立てができる。その実際上の手順は，本講第3問の冒頭に

述べる。

　　［参考文献］　概説451〜455頁，条解民再1141〜1145頁．

▶▶【第2問】
1　出題の趣旨
　この設問は，牽連破産，すなわち先行する再建型倒産手続が中途で挫折し，破産手続開始決定がされた場合（民再249条，250条）における共益債権の取扱いを問うものである。
2　基本事項の確認
　先行する再生手続の過程で生じた共益債権となる請求権は，後行の破産手続との関係では，手続開始前の原因に基づく請求権として，形式的には，破産債権となるべきものであるが（破2条5項），実質的な見地から，財団債権として取り扱われる（民再252条6項）。
3　検討ポイント
　C社の貸付（一種のDIPファイナンス）債権は，再生手続の終了前（第1問解説参照）に生じた共益債権であり（民再119条1号・3号参照），後行の破産手続において財団債権として取り扱われることになる。
　そもそも，再生債務者に資金の貸付をしようとする者は，再生手続には紆余曲折もあることを前提に，そのリスクに応じて金額や期間や金利などの条件を設定する。その極限ともいえる牽連破産にあたり，その貸付債権が破産債権になるようでは，そもそも貸付の実行に及び腰となるかもしれない。しかし，それで再生債務者が必要な資金を調達できないとなれば，それが牽連破産の要因になるかもしれない。つまり，その貸付金は，債務者財産（後の破産財団）の維持にとって，直接または間接に一定の役割を果たすものと評価できる。この理は新規の商取引の実行にも妥当するものであり，先後の手続を通じて優先的に処遇されるべき実質的な理由である。

[参考文献] 松下173～174頁，条解民再1150～1158頁，新注釈民再（下）590～597頁.

ADVANCE問題の解説

▶▶▶【第3問】
1　出題の趣旨
　この設問は，再生計画による権利変更に牽連破産が及ぼす影響，そして，牽連破産における否認などの基準時といった問題点を踏まえた上で，否認などの成否，それが成立するとした場合の課題について，幅広く検討させるものである。
2　基本事項の確認
　再生計画の履行完了前に破産手続開始決定がされた場合には，再生計画の定めで変更された再生債権は原状に復するが（民再190条1項），すでに弁済を受けた額を控除した上で，破産債権として取り扱われることになる（同条3項）。

　同一の債務者にかかる倒産状態の継続を前提として，牽連破産においては，先行する再生手続との連続性を確保するために，否認権などの基準時が前倒しされ，破産法にいう「破産手続開始の申立て」は「再生手続開始の申立て」に読み替えられる（民再252条1項4号）。したがって，後行の破産手続においては，その基準時を前提に否認などの成否について検討すべきことになる。
3　検討のポイント
　D社のA社に対する500万円の再生債権は，再生計画により変更を受けた後（90％の免除で50万円），第1回目の弁済を受けており（残10万円の5分の1にあたる2万円が弁済されて48万円），牽連破産により原状に復する際，これが控除されるため，結局498万円の破産債権となる。ただ，結果としては，こ

の債権に対し，簿価500万円の在庫製品が代物弁済された状態になっており，この「手続開始の申立て」後にされた偏頗行為について，どのように捉えるべきかが問題となる（破162条1項1号）。

この設問の事実関係のもとでは，再生手続の開始につき受益者D社の悪意は問題なく認められるはずなので，むしろMが踏み込んで検討すべきは，否認の成立可能性を前提として，現物の返還が破産財団の増殖にとって適切か（生鮮食品の加工品を現物で受領しても，破産手続内で有利に換価できるのか），価格の償還を受けるとした場合の金額はどうなるか（Bの話を前提とすれば，対象物の時価評価額は125万円内外ということになるが，代物弁済時のD社の債権額は48万円であったにすぎず，もともとが曖昧であり，D社との間で合意に達することはできるか，何か客観的な基準はあるか），についてである。

念のため，代物弁済ではなく売買を想定してみると，D社は破産財団に対して498万円の破産債権（自働債権）を有し，破産財団はD社に対して代金債権（受働債権）を有し，一見，D社に相殺権が成立しそうであるが，相殺禁止に該当し（破71条1項4号），しかも受働債権（代金債権）の額について，先の否認における価額償還の金額の場合と同様の課題を抱えることになろう。

その他，Xの対応方法としてはD社に対する不法行為責任の追及（民709条）など考えられようが，立証上の課題を抱えている点は問題文に述べられたとおりである。

　　[参考文献]　松下172～173頁，条解民再1150～1158頁，新注釈民再（下）192～196，590～597頁．

◆執筆者紹介◆

小原　将照（おはら　まさてる）

現在，東北学院大学法学部　准教授
［主要業績］
「倒産債権の調査・確定段階における実質的考慮の可能性～イギリス法を参考にして～」東北学院法学72号175頁（2011年），「主たる債務者による一部弁済と開始時現存額主義」青山法学論集51巻1・2合併号413頁（2009年），「相殺期待の詐害的創出に関する一考察―旧法下裁判例を参考にして」東北学院法学67号1頁（2008年）など

工藤　敏隆（くどう　としたか）

現在，慶應義塾大学法学部　専任講師
［主要業績］
「破産手続上の職務遂行に起因する損害賠償責任に関する考察」訟務月報56巻1号別冊18頁（2010年），「イギリス倒産法における管財機関の生成と信託理論」法学研究84巻12号505頁（2011年）など

濱田　芳貴（はまだ　よしたか）

現在，西村あさひ法律事務所　弁護士
［主要業績］
『金融債権者から働きかける法的整理の実務』銀行法務21増刊号（共編著，2012年），『企業倒産・事業再生の上手な対処法〔全訂2版〕』（共編著，民事法研究会，2011年），『私的整理計画策定の実務』（共著，商事法務，2011年），『民事再生法入門〔改訂第3版〕』（共著，商事法務，2009年），『企業再生事例選』（共著，金融財政事情研究会，2004年）ほか

Horitsu Bunka Sha

事例で学ぶ倒産法

2013年3月10日　初版第1刷発行

著　者　　小原将照・工藤敏隆
　　　　　濱田芳貴

発行者　　田靡純子

発行所　　株式会社 法律文化社
　　　　　〒603-8053
　　　　　京都市北区上賀茂岩ヶ垣内町71
　　　　　電話 075(791)7131　FAX 075(721)8400
　　　　　http://www.hou-bun.com/

＊乱丁など不良本がありましたら、ご連絡ください。
　お取り替えいたします。

印刷：西濃印刷㈱／製本：藤原製本㈱
装幀：石井きよ子

ISBN 978-4-589-03496-0
Ⓒ2013　M. Ohara, T. Kudo, Y. Hamada
Printed in Japan

JCOPY　＜(社)出版者著作権管理機構　委託出版物＞
本書の無断複写は著作権法上での例外を除き禁じられています。複写される場合は、そのつど事前に、(社)出版者著作権管理機構(電話 03-3513-6969, FAX 03-3513-6979, e-mail: info@jcopy.or.jp)の許諾を得てください。

谷口安平監修／山本克己・中西 正編	激動する倒産立法の動向を的確に捉えつつ，新破産法を中心に民事再生法，会社更生法，国際倒産処理など倒産法の全体像を体系的かつ簡潔に概説した教科書。学界の有力者らによる執筆で，実務家も必携の書。
レクチャー倒産法 A5判・314頁・3360円	
河野正憲・勅使川原和彦・芳賀雅顯・鶴田 滋著〔αブックス〕	民事訴訟手続の学習は初心者にはきわめて難解で敬遠される傾向にある。本書は民事訴訟法を苦手にしている人を対象とした民事手続法（民事執行法を含む）入門テキスト。民事手続のアウトラインを理解できるよう工夫した。
プリメール民事訴訟法 A5判・308頁・2835円	
池田辰夫編	学習の基本的な修得事項を語りかけるようにわかりやすく解説した入門テキスト。「訴状モデル」「判決文モデル」などを挿入し，実際の民事裁判実務を念頭に置いた叙述に配慮した。ロースクールに進む学生や社会人の最初の読み物として最適。
アクチュアル民事訴訟法 A5判・304頁・3045円	
池田辰夫編著	判決例の要旨を安直に学習するのではなく，民事裁判の判決記録を丸ごと読みこなす本格的な力を養うために作られた判例教材。法学部での民訴ゼミ，司法試験受験生，司法修習生のための学習教材に最適。
ケースブック新民事訴訟法Ⅰ A5判・140頁・1890円	
井上治典・中島弘雅編〔NJ叢書〕	2002年以降の倒産法制（破産法，会社更生法），担保・執行法制などの民事法諸改正をふまえて改訂。民事執行・保全・倒産法のテキストとしてより使いやすくなるように構成と内容のアップトゥデート化をはかった。
新民事救済手続法 A5判・440頁・3675円	
遠藤 功・野村秀敏・大内義三編	法実務のうえで重要ではあるが，学生にはなじみがうすく取り付きにくい民事執行・保全法の分野を，わかりやすい叙述で解説した教科書。執行に関する制度と基本理解の促進に焦点をあてた。近時の法改正・研究成果も盛り込む。
テキストブック民事執行・保全法 A5判・330頁・2940円	

―――――法律文化社―――――

表示価格は定価（税込価格）です